助動詞活用表

分類	比況	比況	完了	断定	断定	打消推量	推定	推定	推定	現在推量	推量
区分(上段)	その他	その他	その他	体言	体言・連体形	終止形	終止形	終止形	終止形	終止形	終止形
助動詞	やうなり	ごとし	り	たり	なり	まじ	なり	めり	らし	〈らん〉らむ	べし
番号	28	28	18	24	24	21	23	23	23	22	20
意味	比況(…ヨウダ、…ミタイダ)例示(タトエバ…ヨウダ)様子・状態(…ヨウダ、…様子ダ、…状態ダ、…ヨウダ)婉曲(…ヨウダ)	比況(…ト同ジダ、…ニ似テイル、…ヨウダ)例示(タトエバ…ノヨウダ、タトエバ…ナドダ)	存続(…テイル、…テアル)完了(…タ、…テシマッタ)	断定(…ダ、…デアル)	断定(…ダ、…デアル)存在(…ニアル)	打消推量(…ナイダロウ、…マイ、…ソウニナイ)打消意志(…マイ、…ナイツモリダ)禁止・不適当(…テハナラナイ・不適当(…マイ、…ナイホウガヨイ)打消当然(…ハズガナイ)不可能(…デキナイダロウ、…デキソウニナイ)	推定(…ヨウダ、…ラシイ、…ニチガイナイ)伝聞(…トイウコトダ、…ソウダ、…ト聞イテイル)	推定(…ヨウダ、…ラシイ、…ニチガイナイ)婉曲(…ヨウニ見エル、…ヨウダ)	推定(…ラシイ、…ニチガイナイ)	現在推量(今ゴロハ…テイルダロウ)現在の原因推量(…ドウシテ…テイルノダロウ、《ドウシテ》…ダカラダロウ)現在の伝聞(…トカイウ…テイルノダ)現在の婉曲(…テイルヨウナ、…ソウダ)	推量(…ニチガイナイ、…ソウダ、…ダロウ)意志(…ウ、…ヨウ、…ツモリダ)適当(…ノガヨイ、…ノガ適当ダ)当然・義務(…ハズダ、…ナケレバナラナイ、…ベキダ)可能(…デキル、…デキルハズダ)強い勧誘・命令(…ベキダ、…セヨ)
未然形	やうなら	ごとく	ら	たら	なら	(まじから)まじく	○	○	○	○	べく・べから
連用形	やうに・やうなり	ごとく	り	と・たり	に・なり	まじく・まじかり	なり	(めり)	○	○	べく・べかり
終止形	やうなり	ごとし	り	たり	なり	まじ	なり	めり	らし	〈らん〉らむ	べし
連体形	やうなる	ごとき	る	たる	なる	まじき・まじかる	なる	める	(らしき)らし	〈らん〉らむ	べき・べかる
已然形	やうなれ	○	れ	たれ	なれ	まじけれ	なれ	めれ	らし	らめ	べけれ
命令形	○	○	(れ)	(たれ)	(なれ)	○	○	○	○	○	○
活用型	形容動詞型	形容詞型	ラ変型	形容動詞型	形容動詞型	形容詞型	ラ変型	ラ変型	特殊型	四段型	形容詞型
接続	体言・活用語の連体形・格助詞「の」	体言・活用語の連体形・格助詞「が」「の」	サ変の未然形・四段の已然形(四段については命令形に接続するという説もある)	体言	体言・活用語の(一部の助詞や副詞にも接続)	活用語の終止形(ラ変・ラ変型の活用語には連体形に接続) *ラ変型の活用語…形容詞(カリ活用)・形容動詞・ラ変型活用の"る"					

▼文語動詞活用表

ページ	種類	行	語	語幹	未然形	連用形	終止形	連体形	已然形	命令形
7	四段	カ行	聞く	き	か	き	く	く	け	け
		ガ行	泳ぐ	およ	が	ぎ	ぐ	ぐ	げ	げ
		サ行	隠す	かく	さ	し	す	す	せ	せ
		タ行	立つ	た	た	ち	つ	つ	て	て
		ハ行	思ふ	おも	は	ひ	ふ	ふ	へ	へ
		バ行	遊ぶ	あそ	ば	び	ぶ	ぶ	べ	べ
		マ行	住む	す	ま	み	む	む	め	め
		ラ行	帰る	かへ	ら	り	る	る	れ	れ
8	下二段	ア行	得	(う)	え	え	う	うる	うれ	えよ
		カ行	明く	あ	け	け	く	くる	くれ	けよ
		ガ行	上ぐ	あ	げ	げ	ぐ	ぐる	ぐれ	げよ
		サ行	失す	う	せ	せ	す	する	すれ	せよ
		ザ行	混ず	ま	ぜ	ぜ	ず	ずる	ずれ	ぜよ
		タ行	捨つ	す	て	て	つ	つる	つれ	てよ
		ダ行	愛づ	め	で	で	づ	づる	づれ	でよ
		ナ行	連ぬ	つら	ね	ね	ぬ	ぬる	ぬれ	ねよ
		ハ行	経	(ふ)	へ	へ	ふ	ふる	ふれ	へよ
		バ行	比ぶ	くら	べ	べ	ぶ	ぶる	ぶれ	べよ
		マ行	集む	あつ	め	め	む	むる	むれ	めよ
		ヤ行	覚ゆ	おぼ	え	え	ゆ	ゆる	ゆれ	えよ
		ラ行	恐る	おそ	れ	れ	る	るる	るれ	れよ
		ワ行	植う	う	ゑ	ゑ	う	うる	うれ	ゑよ
9	上二段	カ行	尽く	つ	き	き	く	くる	くれ	きよ
		ガ行	過ぐ	す	ぎ	ぎ	ぐ	ぐる	ぐれ	ぎよ
		タ行	落つ	お	ち	ち	つ	つる	つれ	ちよ
		ダ行	恥づ	は	ぢ	ぢ	づ	づる	づれ	ぢよ
		ハ行	強ふ	し	ひ	ひ	ふ	ふる	ふれ	ひよ

▼文語助詞の意味・用法・接続

種類	助詞	ページ	意味・用法（　）は訳語	接続
格助詞	が	30	主格（…ガ、…ノ）連体修飾格（…ノ、…ノヨウナ）体言の代用（…ノ、…ノモノ、…ノコト）同格（…デ）	体言・連体形
	の	30	主格（…ガ、…ノ）連体修飾格（…ノ、…ノヨウナ）体言の代用（…ノ、…ノモノ、…ノコト）同格（…デ）比喩（…ノヨウニ）	
	へ	30	方向（…ヘ）	体言
	を	30	対象（…ヲ）起点（…ヲ、…カラ）通過する場所（…ヲ、…ヲ通ッテ）継続する期間（…ヲ、…ノ間ヲ）	体言・連体形
	に	30	時間・場所（…ニ、…時ニ、…デ）帰着点（…ニ）対象（…ニ）目的（…ニ、…ノタメニ）原因・理由（…ノタメニ、…ニヨッテ）手段・方法（…デ、…ニヨッテ）変化の結果（…ニ、…ト）受身・使役の対象（…ニ）比較の基準（…ト比べテ、…ヨリ）添加（…ニ、…ノ上ニ、…ニ加エテ）内容（…ト、…トシテ、…デアルト）資格・状態（…トシテ、…デ）	
	と	30	動作をともにする相手（…ト）変化の結果（…ト、…ニ）比較の基準（…ト、…ニ比べテ）引用・内容（…ト、…ト言ッテ、…ト思ッテ）並列（…ト…ト）比喩（…ノヨウニ）	体言・引用句
	にて	30	場所・年齢（…デ）手段・方法・材料（…デ、…ニヨッテ）原因・理由（…デ、…ニヨッテ）資格・状態	体言・連体形

種類	助詞	ページ	意味・用法（　）は訳語	接続
接続助詞	つつ	31	反復・継続（…テハ、…続ケテ）並行（…ナガラ、…ツツ）	連用形
	ながら	31	存続（…ママデ）並行（…ナガラ、…ツツ）逆接の確定条件（…ノニ、…ケレドモ、…ガ）	
副助詞	だに	31	程度の軽いものを示して、より程度の重いものを類推させる（…サエ）最小限の限定（セメテ…ダケデモ）	種々の語
	すら	31	一つのものを示して、それ以外のものを類推させる（…サエ）	
	さへ	31	添加（…マデモ）	
	のみ	31	限定（…ダケ）強意（ヒドク…、トクニ…）	
	ばかり	31	限定（…ダケ、…バカリ）およその程度（…クライ、…ホド）	
	まで	31	限界（…マデ）程度（…マデ、…ホド）	
	など	31	例示（…ナド）引用句を受ける（…ナドト）婉曲（…ナド）	
	し しも	31	強意、（下に打消を伴い）部分否定（必ズシモ…〈デハナイ〉）	
係助詞	は	32	提示（…ハ）・対比（…ハ）・強調（…ハ）	
	も	32	並列（…モ…モ）添加（…モ、…モマタ）類推（…デモ、…ダッテ）最小限の希望（セメテ…ダケデモ、…デモ）強意（…モ）	
	ぞ なむ こそ	32	強意	
	や〈やは〉	32	疑問（…カ）反語（…ダロウカ、イ	

9	9	9	10	10	10	10	10	10	10	11	11	11	11
上二段			上一段						下一段	カ変	サ変	ナ変	ラ変
マ行	ヤ行	ラ行	カ行	ナ行	ハ行	マ行	ヤ行	ワ行	カ行				
恨む	報ゆ	懲る	着る	似る	干る	見る	射る	居る	蹴る	来	す	死ぬ	あり
うら	むく	こ	(き)	(に)	(ひ)	(み)	(い)	(ゐ)	(け)	(く)	(す)	し	あ
み	い	り	き	に	ひ	み	い	ゐ	け	こ	せ	な	ら
み	い	り	き	に	ひ	み	い	ゐ	け	き	し	に	り
む	ゆ	る	きる	にる	ひる	みる	いる	ゐる	ける	く	す	ぬ	り
むる	ゆる	るる	きる	にる	ひる	みる	いる	ゐる	ける	くる	する	ぬる	る
むれ	ゆれ	るれ	きれ	にれ	ひれ	みれ	いれ	ゐれ	けれ	くれ	すれ	ぬれ	れ
みよ	いよ	りよ	きよ	によ	ひよ	みよ	いよ	ゐよ	けよ	こ こよ	せよ	ね	れ

文語形容詞活用表

14	14
ク	シク
なし	をかし
な	をか
く から	しく しから
く かり	しく しかり
し	し
き かる	しき しかる
けれ	しけれ
かれ	しかれ

文語形容動詞活用表

15	15
ナリ	タリ
静かなり	堂々たり
静か	堂々
なら	(たら)
なり に	たり と
なり	たり
なる	たる
なれ	(たれ)
(なれ)	(たれ)

格助詞			接続助詞							
して	より	から	ば		とも	ど ども	ものを ものの ものから ものゆゑ	て して	が に を	で
30	30	30	31		31	31	31	31	31	31
[illegible]人数・範囲[illegible]…ト、…トトモニ）使役の対象（…ニ、…ヲ使ッテ）	起点（…カラ）通過する場所（…ヲ通ッテ、…カラ）手段・方法（…デ、…ニヨッテ）比較の基準（…ヨリ）範囲の限定（…ヨリ、…以外）即時（…ヤイナヤ、…トスグニ）	起点（…カラ）通過する場所（…ヲ通ッテ、…カラ）手段・方法（…デ、…ニヨッテ）原因・理由（…ニヨッテ、…次第デ）	順接の仮定条件（モシ…タラ、モシ…ナラ）	順接の確定条件〈原因・理由〉（…カラ、…ノデ）〈偶然〉（…ト、…トコロ）〈恒時（恒常）〉（…トイツモ）	逆接の仮定条件（タトエ…テモ）	逆接の確定条件（…ノニ、…ケレドモ、…ガ）逆接の恒時（恒常）条件（…テモイツモ、…タトコロデ）	逆接の確定条件（…ノニ、…ケレドモ、…ガ）	単純接続（…テ〈デ〉、…ノ様子デ、…ノ状態デ）順接の確定条件（…カラ、…ノデ）逆接の確定条件（…ノニ、…ケレドモ、…ガ）	逆接の確定条件（…ノニ、…ケレドモ、…ガ）順接の確定条件（…カラ、…ノデ）単純接続（…ガ、…ト、…トコロ）	打消接続（…ナイデ、…ズニ）
体言・連体形			未然形	已然形	終止形	已然形	連体形	連用形	連体形	未然形

終助詞											間投助詞	
そ	ばや	なむ	しが てしが てしがな にしが にしがな	もが もがな がな	な	か かな	は	よ	かし	ぞ	や	を
33	33	33	33	33	33	33	33	33	33	33	33	33
禁止（…ナ、…ナイデクレ）	自己の願望（…タイ）	他に対する願望（…テホシイ）	自己の願望（…タイモノダ）	願望（…ガアレバナア、…トイイノニナア）	詠嘆（…ナア、…ヨ、…コトヨ）	詠嘆（…ナア）	詠嘆（…ヨ、…コトヨ、…ナア）	詠嘆（…ヨ、…ナア）呼びかけ（…ヨ）	念押し（…ヨ、…ゾ）	念押し（…ヨ、…ゾ）	詠嘆・整調 呼びかけ（…ヨ）	詠嘆・整調
連用形	未然形		連用形	種々の語	文末	体言・連体形	体言・連体形	体言・文末	文末	体言・連体形	文中・文末	

はしがき

本書は、『ダブルマスター古典文法＋漢文句形』に完全準拠した問題集として、古文の文法と漢文の句形や重要語彙などの基礎学力の定着を目的として編集しました。編集にあたっては、次の二つの学習目標が達成できるように配慮しました。

①テキストで学習した事項を整理し直して自分のものにする。
②良質の問題練習を積み重ねて解法のパターンを会得する。

本書の特色

❶テキストの配列に従って、古典文法編四十六、漢文句形編二十一の学習項目を立てました。一項目を一ページにコンパクトにまとめ、テキストで学習したことをすぐに復習することのできる問題集です。

❷各ページは、上段の**確認**と下段の**練習問題**とで構成しました。

❸確認は、覚えておくべき基礎知識をテキストから厳選し、簡潔にまとめました。重要事項を空欄にしており、書き込みながら確認することができます。また、**参照ページ**を丁寧に示していますので、適宜テキストに戻って確認することができます。

❹練習問題には、テキスト及び**確認**で学んだ内容を定着させるための基本的な設問を用意しました。用例は有名作品を中心に選び、原則として部分、もしくは全部の傍訳を付して取り組みやすくしています。

❺書き込みスペースを十分にとり、取り組みやすい配慮をしました。

❻古典文法編「識別」の**練習問題**では、テキストに取り上げていない識別も選択肢の中などで扱い、発展を付けて区別しています。

❼巻頭にはテキストと同じ「**文語助動詞一覧**」「**文語動詞活用表**」「**文語形容詞活用表**」「**文語形容動詞活用表**」「**文語助詞の意味・用法・接続**」、巻末にはテキストと同じ「**漢文基本句形一覧**」を採録しました。

❽別冊として、詳しい**解答解説編**（B５判・72ページ・非売品）を用意しています。

目次

古典文法編

漢文句形編

第1回 古典文法入門(一)
―歴史的仮名遣い

確認

歴史的仮名遣いの読み方 ▼p.9

1 語中・語尾の「**は・ひ・ふ・へ・ほ**」➡「**ワ・イ・ウ・エ・オ**」

例 かは(川)➡カ[　　] こひ(恋)➡コ[　　]

＊語頭に「は・ひ・ふ・へ・ほ」のある語が他の語に付いて複合語となった場合は、「ハ・ヒ・フ・ヘ・ホ」のまま。 例 いなほ(稲・穂)➡イナ[　　]

2 次のように母音が重なる場合➡長音

①**アウ➡オー** 例 かうし(格子)➡[　　]シ

②**イウ➡ユー** 例 いうれい(幽霊)➡[　　]レイ

③**エウ➡ヨー** 例 てうし(調子)➡[　　]シ

④**オウ➡オー** 例 おうず(応ず)➡[　　]ズ

3「アフ・イフ・エフ・オフ」の「フ」も「ウ」➡長音

例 いふ(言ふ)➡[　　] ＊**1**・**2**の原則

4「**ゐ・ゑ・を**」➡「**イ・エ・オ**」

例 あゐ(藍)➡ア[　　] こゑ(声)➡コ[　　]

5「**ぢ・づ**」➡**ジ・ズ**

例 ふぢ(藤)➡フ[　　] うづ(渦)➡ウ[　　]

6 助動詞「む」などの「**む**」➡「**ン**」

例 咲かむ➡サカ[　　] 咲きけむ➡サキケ[　　]

7「**くわ・ぐわ**」➡「**カ・ガ**」

例 くわえん(火炎)➡[　　]エン

---

1 次の空欄に適切な言葉を入れなさい。

1 古文に用いられた言葉……[　　](古語)

2 現在使われている言葉……[　　](現代語)

3 歴史的仮名遣い……[　　]時代中期ごろの用例を基準とした仮名遣い。

4 現代仮名遣い……昭和時代に告示された仮名遣い。

2 次の行を、それぞれ平仮名と片仮名で書きなさい。

	平仮名					片仮名				
ア行										
ハ行										
ヤ行										
ワ行										

3 次の歴史的仮名遣いの語を、平仮名・現代仮名遣いに改めなさい。

1 限りなく思①ひながら、妻《め》を②まうけてけり。(大和物語・一四九段)
(今の妻を)このうえなく(いとしく)思うけれども、(ほかに)妻を作ってしまった。

2 いとめ③づらし。深き④ゆゑあら⑤む。(徒然草・二三六段)
たいへん珍しい。深いわけがあるのだろう。

3 ⑥岩上《がんじやう》の⑦院々《ゐんゐん》扉を⑧閉ぢて、物の音聞こえず。(奥の細道・立石寺《りふしやくじ》)
岩の上の寺院はどれも扉を閉じて、物音が聞こえない。

①	②	③	④

⑤	⑥	⑦	⑧

第2回 古典文法入門（二）
―言葉の単位・文の構造

言葉の単位
▼p.10・11・13

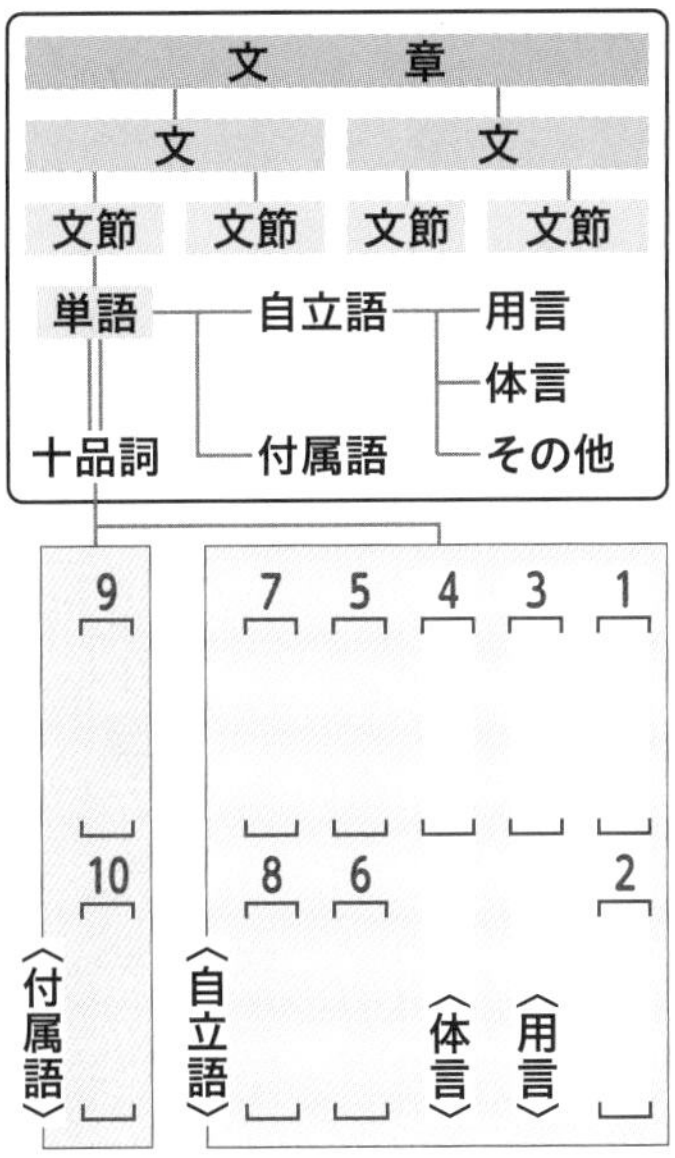

文節の種類
▼p.12

①主部・述部	我、（主部）思ふ。（述部）〈ナニガ〉〈ドウスル〉 我、（主部）若し。（述部）〈ナニガ〉〈ドンナダ〉 我は、（主部）学生なり。（述部）〈ナニガ〉〈ナニダ〉
②修飾部 連用修飾部	我、道を 思ふ。〈ナニヲ〉ドウスル 我、いと 若し。〈ドノヨウニ〉ドンナダ
連体修飾部	よき 学生なり。〈ドノヨウナ〉モノ
③接続部	我は、学生 なり。されば、学ぶ。
④独立部	あはれ、我は、学生なり。

1 **次の文を文節に区切り、その区切りに／（斜線）を入れなさい。**

この子を見れば、苦しきこともやみぬ。（竹取物語・おひたち）

この子を見ると、苦しい気持ちもおさまってしまう。

2 **次の文を／（斜線）で単語に区切り、単語を自立語と付属語に分けなさい。**

腹立たしきことも慰みけり。（竹取物語・おひたち）

腹立たしいことも気が紛れた。

自立語	
付属語	

3 **次の傍線部の文節は、ア主部、イ述部、ウ連用修飾部、エ連体修飾部、オ接続部、カ独立部のどれに相当するか。記号で答えなさい。**

1 死期《しご》 ①すでに 近し。②されども、いまだ ③病《やまひ》 ④急ならず。（徒然草・二四一段）

死期はすでに近い。しかし、まだ病状は差し迫っていない。

2 ⑤すはや、⑥源氏の 大勢の 寄するは。（平家物語・富士川）

ほらっ、源氏の大軍が攻め寄せて来たぞ。

①	
②	
③	
④	
⑤	
⑥	

4 **次の文を例にならって品詞に分けなさい。**

1 ことごと（名詞）／なす（動詞）／ことなくして、身は老いぬ。（徒然草・一八八段）

どれもこれも成し遂げることがなくて、身は老いてしまう。

2 わがうへを思ふなりけり。（大和物語・一四九段）

私の身の上を案じていたのだったよ。

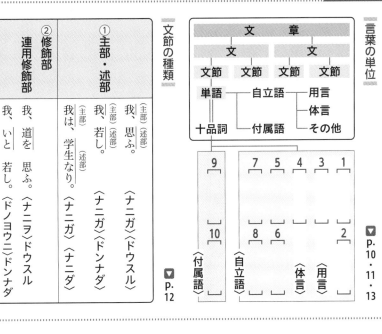

第3回

動詞（一）——活用

確認

活用と活用形

▼p.11・17・18・19・20

● 活用……下に続く語や用い方によって、用言*や助動詞の語形が規則的に変化すること。

＊用言とは、[　　]詞・[　　]詞・[　　]詞。

● 活用形……活用した語形のことで、文語は次の六種類。

[　　]形……**未**《いま》だ実現していない意。
[　　]形……主に**用**言に**連**なる意。
[　　]形……言い切って**終止**する意。
[　　]形……主に**体**言に**連**なる意。
[　　]形……**已**《すで》に実現している意。
[　　]形……**命令**して終止する意。

活用表

▼p.17・21

基本形 ①	語幹 ②	未然形	連用形	終止形	連体形	已然形	命令形
歌ふ	うた	は	ひ	ふ	ふ	へ	へ
下に続く主な語		ず・む	たり・て	（終止）	とき・こと	ど・ども	（命令）

（未然形～命令形：③／活用形）

① **基本形**……[　　]形と同じ。
② **語幹**……活用しても[　　]部分。
③ [　　]……活用するとき変化する部分。

文語の動詞はハ行ならハ行一行の中で活用する。

1 次の動詞の①語幹と②活用語尾を、平仮名で答えなさい。

1 持つ　2 避く　3 考ふ　4 聞こゆ　5 率ゐる　6 先んず

	①	②
1		
2		
3		
4		
5		
6		

2 次の動詞が下の語に続くように活用語尾を答え、下にその活用形を答えなさい。

● 読む

よ[　　]ず → [　　]形
よ[　　]たり → [　　]形
よ[　　]（。）言い切る → [　　]形
よ[　　]とき → [　　]形
よ[　　]ども → [　　]形
よ[　　]（。）命令して言い切る → [　　]形

3 文語動詞は、一つの行で活用し、言い切るとu段の音で終わる（ラ変動詞を除く）。次の傍線部の動詞の基本形（終止形）を平仮名で答えなさい。

● 暁《あかつき》に（夜明け前に）船を出だし①て、室津《むろつ》を追ふ②（室津に向かう）。人みなまだ寝③たれば、海のありやうも見え④ず。ただ月を見⑤てぞ、西東《にしひがし》をば知り⑥ける。

（土佐日記・一月十一日）

①	②	③	④	⑤	⑥

第4回 動詞(二)—四段活用

確認

活用 ▼p.21

基本形	語幹	未然形	連用形	終止形	連体形	已然形	命令形
活用する段		a	i	u	u	e	e
動く							
話す							
勝つ							
並ぶ							
はさむ							
光る							
下に続く主な語		ず・む	たり・て	(終止)	とき・こと	ど・ども	(命令)

活用の種類の見分け方 ▼p.21・31

打消の助動詞「ず」を付けたとき、未然形の活用語尾が**a段**になる(ナ変・ラ変は別途覚える)。

基本形⬇未然形	基本形⬇未然形
浮く ⬇ 浮[ ] -ず	渡す ⬇ 渡[ ] -ず
保つ ⬇ 保[ ] -ず	祝ふ ⬇ 祝[ ] -ず
澄む ⬇ 澄[ ] -ず	語る ⬇ 語[ ] -ず
嗅ぐ ⬇ 嗅[ ] -ず	飛ぶ ⬇ 飛[ ] -ず

1 次の動詞の未然形を平仮名で、活用する行を片仮名で、順に答えなさい。

1 継ぐ　2 贈る　3 拭《ぬぐ》ふ　4 包む　5 追ひつく　6 学ぶ

1		行
2		行
3		行
4		行
5		行
6		行

2 次の傍線部の動詞の基本形(終止形)と活用する行を順に答えなさい。

1 ①防かむとするに、力もなく、足も②立たず、小川《こがは》へ③転び入りて、(僧は化け物の襲撃を)　(徒然草・八九段)

2 ④飛ぶ鳥も落ち、草木も⑤揺るぐほどなり。(琴の音色のすばらしさは、)　(平家物語・咸陽宮)

①		行
②		行
③		行
④		行
⑤		行

3 次の傍線部の動詞の基本形(終止形)と活用形を順に答えなさい。

1 男も人知れず血の涙を①流せど、え②逢はず。(女に)逢うことができない　(伊勢物語・六九段)

2 坊主③帰りたりければ、この児《ちご》さめほろと④泣く。さめざめと涙を流して　(沙石集・巻八ノ一一)

3 かぐや姫、「しばし⑤待て。」と⑥言ふ。(天人に)　(竹取物語・昇天)

①		
②		
③		
④		
⑤		
⑥		

第5回 動詞㈢—下二段活用

活用 ▼p.22

基本形	語幹	未然形	連用形	終止形	連体形	已然形	命令形
活用する段		e	e	u	uる	uれ	eよ
助《たす》く							
任《まか》す							
兼《か》ぬ							
栄《さか》ゆ							
述《の》ぶ							
出《い》づ							
下に続く主な語		ず・む	たり・て	（終止）	とき・こと	ど・ども	（命令）

活用の種類の見分け方 ▼p.22・31

打消の助動詞「ず」を付けたとき、未然形の活用語尾が**e段**になる（下一段活用「蹴る」は別途覚える）。

基本形➡未然形	基本形➡未然形
受く ➡ 受［　　］-ず	似す ➡ 似［　　］-ず
果つ ➡ 果［　　］-ず	教ふ ➡ 教［　　］-ず
攻む ➡ 攻［　　］-ず	覚ゆ ➡ 覚［　　］-ず
荒る ➡ 荒［　　］-ず	調ぶ ➡ 調［　　］-ず

1 次の口語の下一段活用動詞は、文語では下二段活用動詞になる。文語の基本形（終止形）を平仮名で答えなさい。

1 告げる　2 混ぜる　3 隔てる　4 優れる　5 経る

1	2	3	4	5

2 次の傍線部の動詞の基本形（終止形）と活用形を答えなさい。

1 この物語①見果てむと思へど、②見えず。（更級日記・物語）
（源氏）物語を全部見たい　見ることができない

2 片手して我を③引き下げて、堂の縁の下に④据ゑつ。（宇治拾遺物語・一七）
（鬼が）片手で自分のこと（＝修行者）を引っ下げて

①	②
③	④

3 次の傍線部の動詞について、文法的説明を完成させなさい。

1 盃《さかづき》の底を①捨つることは、いかが②心得たる。（徒然草・一五八段）
底（に残った酒）を捨てる　どのように理解しているか

2 この苗《なへ》の③枯れぬさきに④植ゑむ。（宇治拾遺物語・五六）
枯れないうちに植えよう

①	［　　］行［　　］段活用動詞「［　　］」の［　　］形。
②	［　　］行［　　］段活用動詞「［　　］」の［　　］形。
③	［　　］行［　　］段活用動詞「［　　］」の［　　］形。
④	［　　］行［　　］段活用動詞「［　　］」の［　　］形。

第6回 動詞(四)—上二段活用

確認

活用 ▼p.23

基本形	語幹	未然形	連用形	終止形	連体形	已然形	命令形
活用する段		i	i	u	uる	uれ	iよ
綴《と》づ							
恋《こ》ふ							
古《ふる》ぶ							
浴《あ》む							
報《むく》ゆ							
許《ゆ》る							
下に続く主な語		ず・む	たり・て	(終止)	とき・こと	ど・ども	(命令)

活用の種類の見分け方 ▼p.23・31

打消の助動詞「ず」を付けたとき、未然形の活用語尾が**i段**になる(上一段活用は別途覚える)。

基本形⬇未然形	基本形⬇未然形
尽《つ》く ⬇ 尽[ ]ーず	朽《く》つ ⬇ 朽[ ]ーず
恥《は》づ ⬇ 恥[ ]ーず	用《もち》ふ ⬇ 用[ ]ーず
錆《さ》ぶ ⬇ 錆[ ]ーず	試《こころ》む ⬇ 試[ ]ーず
老《お》ゆ ⬇ 老[ ]ーず	古《ふ》る ⬇ 古[ ]ーず

1 次の口語の上一段活用動詞は、文語では上二段活用動詞になる。文語の基本形(終止形)を平仮名で答えなさい。

1 起きる　2 落ちる　3 閉じる　4 こびる　5 悔いる

1	2	3	4	5

2 次の傍線部の動詞の活用する行と活用形を答えなさい。

1 白髪《しらかみ》も恥ぢず、出《い》で仕へけるをこそ、まことの聖《ひじり》にはしけれ。(源氏物語・澪標《みをつくし》)
白髪(の老齢)も　出仕した者を　真の聖人と称した

2 忘れやし給ひにけむと、いたく思ひわびてなむ侍る。(伊勢物語・四六段)
(あなたは私を)お忘れになってしまったのだろうか

3 宵少し過ぐるほどに、おはしましたり。(源氏物語・宿木)
いらっしゃった

4 あやまちすな。心して降りよ。(徒然草・一〇九段)
失敗するな　気をつけて(木から)

1	2
3	**4**

3 次の各文から上二段活用動詞をそれぞれ一つ抜き出し、文法的説明を完成させなさい。

1 恨むることもありなむなど、心のうちに思ひけり。(大和物語・一四九段)

2 雪は野原《のばら》をうづめども、老いたる馬ぞ道は知るといふためしあり。(平家物語・老馬)
例がある

1	[ ]行[ ]段活用動詞「[ ]」の[ ]形。
2	[ ]行[ ]段活用動詞「[ ]」の[ ]形。

第7回 動詞(五)

―上一段活用・下一段活用

確認

◆上一段活用

活用 ▼p.24

基本形	語幹	未然形	連用形	終止形	連体形	已然形	命令形
顧みる							
活用する段		i	i	iる	iる	iれ	iよ
下に続く主な語		ず・む	たり・て	(終止)	とき・こと	ど・ども	(命令)

活用の種類の見分け方 ▼p.24・31

語数が少ないので暗記する。複合動詞もあるので注意。「ひ・い・き・に・み・ゐ-る」の語呂合わせに漢字をあててみよう。

［　　］る／射る・［　　］る／［　　］る／煮る・

［　　］る／［　　］る／居る・［　　］る　など

◆下一段活用

活用 ▼p.25

基本形	語幹	未然形	連用形	終止形	連体形	已然形	命令形
蹴る							
活用する段		e	e	eる	eる	eれ	eよ
下に続く主な語		ず・む	たり・て	(終止)	とき・こと	ど・ども	(命令)

活用の種類の見分け方 ▼p.25・31

「**蹴る**」一語だけなので暗記する。

1 次の文語動詞から、上一段活用動詞をすべて選び、番号で答えなさい。

1 干す　2 干上がる　3 着る　4 切る　5 試みる　6 試む

2 次の上一段活用の動詞を、漢字を用いて二つずつ答えなさい。

1 にる　2 いる　3 ゐる

1	2	3

3 次の傍線部の動詞を、例にならって文法的に説明しなさい。

1 やうやう《次第に》夜も[例]明けゆく《明けていくので》に、①見れ《見ると》ば、②率て来し女もなし。（伊勢物語・六段）

2 白き物を③着《着物を着ている》たる日は、火箸《ひばし》を④用ゐる《使うことは》、苦しからず《差し支えない》。（徒然草・二一三段）

3 瓶《かめ》を⑤蹴て舞ひ喜ぶこと限りなし。（今昔物語集・巻三ノ二二）

例	①	②	③	④	⑤
カ行四段活用動詞「明けゆく」の連体形。					

第8回 動詞(六)—変格活用

確認

活用 ▼p.26〜29

種類	基本形	語幹	未然形	連用形	終止形	連体形	已然形	命令形
カ変	来							
サ変	す							
ナ変	死ぬ							
ラ変	あり							
下に続く主な語			ず・む	たり・て	（終止）	とき・こと	ど・ども	（命令）

活用の種類の見分け方 ▼p.26〜29・31

語数が少ないので暗記する。複合動詞もあるので注意。

- **カ変** 一語［　　］
- **サ変** 二語［　　］［　　］
- **ナ変** 二語［　　］［　　］
- **ラ変** 四語［　　］［　　］［　　］［　　］

変格活用の複合動詞 ▼p.26〜29

- **カ変** 出で来　詣で来　持て来
- **サ変** 心す　旅す　御覧ず　むなしうす　専らにす
- **ナ変** 思ひ死ぬ　恋ひ死ぬ
- **ラ変** さり　しかり　かかり

1 次の傍線部の「来」の読みを平仮名で答えなさい。

1 いざ、行きて見て来①む。（宇治拾遺物語・一三二）

2 翁丸《おきなまろ》とだに言へば、喜びてまうで来②るものを、呼べど寄り来③ず。（枕草子・上に候ふ御猫は）
（犬の名を）呼びさえすると　（今は）

3 「沓《くつ》持て来④。」と言ひければ、持て来⑤たるを履きて、（宇治拾遺物語・三七）
履き物を　（下男に）言ったところ

①	②	③	④	⑤

2 次の傍線部の動詞を、例にならって文法的に説明しなさい。

1 立ちて行き例しときよりは、来①るときぞ、人はとかくあり②ける。（土佐日記・二月十六日）
（都を）出発して行ったときよりは　人々は何かと親切にしてくれたよ

2 この村の在家、ことごとく疫《えやみ》③をして、死④ぬる者多かり。（宇治拾遺物語・六七）
民家は　疫病にかかって

3 わが身には死⑤なぬ薬も何にかは⑥せむ（竹取物語・ふじの山）

例	カ行四段活用動詞「行く」の連用形。
①	
②	
③	
④	
⑤	
⑥	

第9回 動詞(七)

―補助動詞・音便

補助動詞

1 動詞に付いて、敬意（尊敬・謙譲・丁寧）を添える。 ▼p.30

例 思ひ**給ふ**（お思い**になる**） 〔尊敬〕
例 思ひ**奉る**・思ひ**聞こゆ**（お思い**申し上げる**） 〔謙譲〕
例 思ひ**侍り**・思ひ**候ふ**（思い**ます**） 〔丁寧〕

2 形容詞・形容動詞と助動詞「ず」「べし」（＋助詞）に付いて、「……ている・……てある」の意を添える。

例 恋しく**は**あれど（恋しくは**ある**が）

3 動詞＋助詞「て」「つつ」に付いて、「……ている・……てある」の意を添える。

例 思ひて**あり**・思ひて**をり**（思って**いる**）

4 断定の助動詞「なり」の連用形「に」（＋助詞）に付いて、「……である」の意を添える。

例 思ふにこそ**あれ**・思ふにぞ**ある**（思うので**ある**）

音便 ▼p.39

● **イ音便**　聞きて ➡ 聞［　］て
● **ウ音便**　食ひたり ➡ 食［　］たり
● **撥音便**　踏みて ➡ 踏［　］で
　　あるなり ➡ あ［　］なり ➡ あなり
　　＊「ある」の撥音は表記されないこともある。
● **促音便**　取りたり ➡ 取［　］たり

1 次の傍線部の語は、A動詞、B補助動詞のどちらか。記号で答えなさい。

1 ゆく川の流れは絶えずして、しかも、もとの水に①あらず。（方丈記・ゆく川の流れ）
　絶えることがないが それでいて
2 衣着《きぬ》ぬ妻子《めこ》なども、さながら内に②あり けり。（宇治拾遺物語・三八）
　そのまま
3 十月十日ほどに③おはしたり。（和泉式部日記・十月）
　（宮は）
4 聞きしにも過ぎて、尊くこそ④おはしけれ。（徒然草・五二段）
　（石清水八幡宮は）聞いていたのよりもまさって
5 いくつといふこと、さらにおぼえ⑤侍らず。（大鏡・序）
　何歳ということは　いっこうに
6 なほかばかりめでたきことはよも⑥侍らじ。（無名草子・文）
　やはりこれほどすばらしいことはまさか
7 はかばかしからず⑦候へども、よみ⑧候ひなむ。（宇治拾遺物語・一一一）
　（歌は）たいしてうまくはございませんが　よんでみましょう

①	②	③	④	⑤	⑥	⑦	⑧

2 次の傍線部の語の音便の種類ともとの形を答えなさい。

1 我らは①商うて過ぐれば、ことも欠けず。（沙石集・巻九ノ三）
　商売をして生活しているので　暮らしに不自由はない
2 深き所をば②泳いで、浅き所に泳ぎ着く。（平家物語・藤戸）
3 その恩忘れて、当家に③向かつて弓を引くにこそ④あんなれ。（平家物語・早馬）
　この平家に向かって弓を引くのであるようだ
4 男《をのこ》は、また、随身《ずいじん》こそ⑤あめれ。（枕草子・男は）
　男の使用人は　随身がいちばんだろう

①	④
②	⑤
③	

第10回 動詞(八)—動詞のまとめ

確認

活用の種類の見分け方 ▼p.31

活用の種類	見分け方	
①語数の少ないもの……暗記する ＊複合動詞もあるので注意。		
上一段活用	[　]る／[　]る・鋳る／[　]る／[　]る・似る／[　]る／[　]る・率る など ＊「ひいきにみゐ・る」と覚える。	
下一段活用	[　]	
カ行変格活用	[　]	
サ行変格活用	[　][　]	
ナ行変格活用	[　][　]	
ラ行変格活用	[　][　][　][　]	
②語数の多いもの……打消の助動詞「ず」を付けて見分ける		
四段活用	a段になる	編[　]ず 戦[　]ず
上二段活用	i段になる	凍《し》[　]ず 恋[　]ず
下二段活用	e段になる	始[　]ず 与[　]ず

活用する行を覚えておくべき動詞 ▼p.31

- 得・心得・所得……[　]行[　]段活用
- 射る・鋳る……[　]行[　]段活用
- 老ゆ・悔ゆ・報ゆ……[　]行[　]段活用
- 居る・率る……[　]行[　]段活用
- 植う・飢う・据う……[　]行[　]段活用

1 次の〈　〉内の動詞の基本形を、適当な活用形に改めなさい。

1 大臣《おとど》、これを〈①見る〉〈②給ふ〉て、顔は草の葉の色にて〈③ゐる〉給へり。（竹取物語・火鼠の皮衣）

顔は蒼白で座っていらっしゃった

2 いかなる大事〈④あり〉ども、人の〈⑤言ふ〉こと〈⑥聞き入る〉ず。（徒然草・六〇段）

①	②	③

④	⑤	⑥

2 次の各文から動詞を順にすべて抜き出し、例にならって文法的に説明しなさい。

1 「迎へ（使用人に）に、馬に鞍《くら》置きて、二匹具して、まうで来と言へ。」（宇治拾遺物語・一八）

2 病《やまひ》を受け、子産み、死ぬることのみ、機嫌をはからず。（徒然草・一五五段）

例	1	2
迎へ＝ハ行下二段「迎ふ」連用形。		

第11回 形容詞

確認

活用
▶p.34

種類	基本形	語幹	未然形	連用形	終止形	連体形	已然形	命令形
ク活用	甘し							
	古し							
シク活用	楽し							
	すさまじ							
下に続く主な語			は・ず	なる・けり	(終止)	とき・べし	ど・ども	(命令)

活用の種類の見分け方
▶p.35

動詞「なる」を付けて、連用形の活用語尾が「く」になればク活用。「しく」になればシク活用。

● ク活用
甘し➡甘[　]－なる
古し➡古[　]－なる

● シク活用
楽し　➡楽[　]－なる
すさまじ➡すさま[　]－なる

形容詞の音便
▶p.39

● イ音便　よき子　➡よ[　]子
● ウ音便　よく作る　➡よ[　]作る
● 撥音便　よかるなり➡よか[　]なり➡よかなり
＊撥音は表記されないこともある。

1 次の形容詞をク活用とシク活用とに分け、番号で答えなさい。

1 苦《くる》し　2 苦《にが》し　3 よし　4 よろし　5 遠し　6 近し　7 いみじ

ク活用	シク活用

2 次の傍線部の語について、文法的説明を完成させなさい。

1 みな①同じく笑ひののしる（大声を立て笑うのは）、いと②らうがはし（騒々しい）。（徒然草・五六段）

2 人を「③あしかれ（不幸であれ）。」など思ふ心も④なけれど、（源氏物語・葵）

①	[　]活用形容詞「[　]」の[　]形。
②	[　]活用形容詞「[　]」の[　]形。
③	[　]活用形容詞「[　]」の[　]形。
④	[　]活用形容詞「[　]」の[　]形。

3 次の各文から形容詞の音便形を抜き出し、音便の種類ともとの形を答えなさい。

1 重兼《しげかね》、めづらしいこと（目新しくおもしろいこと）をこそ案じ出して候へ（思いつきました）。（平家物語・徳大寺厳島詣《いつくしまうで》）

2 昔は、えせ者なども（身分の低い者なども）、みなをかしうこそありけれ（風流であったのだなあ）。（枕草子・清涼殿の丑寅の隅の）

3 折しも、いみじかべきことかな（（院のご体調がすぐれないのは）たいへんなことであるようだよ）。（栄花物語・巻十）

1	2	3

第12回

形容動詞

確認

活用　▼p.36

種類	基本形	語幹	未然形	連用形	終止形	連体形	已然形	命令形
ナリ活用	豊かなり							
	清らかなり							
タリ活用	荒涼たり							
下に続く主な語			ず	けり なる・して	（終止）	とき	ど・ども	（命令）

形容詞・形容動詞の語幹の用法　▼p.38

1 （感動詞＋）形容詞・形容動詞の語幹…［　　］表現

2 形容詞・形容動詞の語幹＋助詞「の」＋体言…連体修飾

3 体言＋「を」＋形容詞語幹＋接尾語「み」…［　　］

形容動詞の音便　▼p.39

● 撥音便　異なるめり➡異な［　　］めり➡異なめり

＊撥音は表記されないこともある。

1 次の傍線部の語について、文法的に説明しなさい。

1 さまにくげなれど、楝《あふち》の花、いとをかし。（枕草子・木の花は）

木の格好はみっともない感じだが／趣深い

2 人しげからずもてなして、のどやかに行ひ給ふ。（源氏物語・御法《みのり》）

人が多くないようにはからって／勤行なさる

3 天心は蒼々としてはかりがたし。（平家物語・法印問答）

天の心は青々として（果てしなく、）推測しがたい

1	2	3

2 次の傍線部を口語訳しなさい。

1 「あな不思議、火もあれほど多かりけるな。」（平家物語・烽火之沙汰《ほうくわのさた》）

2 「あなおもしろの箏《さう》の音《ね》や。」（古今著聞集・二六五）

箏の琴の音よ

3 夜を寒み置く初霜を払ひつつ草の枕にあまたたび寝ぬ（古今集・四一六）

幾度も寝たことだよ

1	2	3

3 次の傍線部を文法的に説明しなさい。

● 験者《げんざ》などは、いと苦しげなめり。（枕草子・思はむ子を）

修験者などは

第13回 助動詞(一)―き・けり

確認

き

▼p.44

活用

未然形	連用形	終止形	連体形	已然形	命令形

接続 ［　　　］形に接続

カ変・サ変には特殊な接続をする。

		終止形き	連体形し	已然形しか
カ変「来」	未然形こ	×	こ-し	こ-しか
	連用形き	×	き-し	(き-しか)
サ変「す」	未然形せ	×	せ-し	せ-しか
	連用形し	し-き	×	×

意味 ①［　　　］

けり

▼p.44

活用

未然形	連用形	終止形	連体形	已然形	命令形

接続 ［　　　］形に接続

意味 ①［　　　］ ②［　　　］

「き」と「けり」の違い

▼p.44

● き―［　　　］体験・経験回想

● けり―間接体験・［　　　］回想

---

1 次の傍線部の助動詞の活用形を答えなさい。

1 しかしか、さ侍りしことなり。（大鏡・序）

そうそう

2 六代は諸国の受領《じゅりょう》たりしかども、殿上《てんじょう》の仙籍《せんせき》をばいまだ許されず。（平家物語・祇園精舎）

(先祖)六代は　殿上人として昇殿することは

3 思ひつつ寝《ぬ》ればや人の見えつらむ夢と知りせばさめざらましを（古今集・五五二）

寝たので　あの人が夢に姿を見せたのだろうか　目を覚まさなかっただろうになあ

1	2	3

2 次の傍線部の助動詞の意味と活用形を答えなさい。

1 いとあはれと思ひ①けれど、貧しければ、するわざもなかり②けり。（伊勢物語・一六段）

(男は、妻を)たいそういとおしいことと　してやれることも

2 「用なきありきは、よしなかり③けり。」とて、来ずなりに④けり。（竹取物語・貴公子たちの求婚）

むだな出歩きは

3 嵐吹く三室《みむろ》の山のもみぢ葉は竜田《たつた》の川の錦なり⑤けり（後拾遺集・三六六）

①	②	③	④	⑤

3 次の空欄に助動詞「き」または「けり」を適当な活用形に改めて入れなさい。

● 恐れの中に恐るべかりけるは、ただ地震《なゐ》なり〈 ① 〉とこそおぼえ侍り〈 ② 〉。（方丈記・元暦の大地震《おほなゐ》）

ことに恐れなければならなかったのは

①	②

第14回 助動詞㈡—つ・ぬ

確認

つ・ぬ

活用 ▼p.46

基本形	未然形	連用形	終止形	連体形	已然形	命令形
つ						
ぬ						

接続 ［　　　］形に接続

意味 ①［　　　］ ②確述(強意) ③並列

「つ」と「ぬ」の違い ▼p.46

● つ——［　　　］的・作為的・動的な動作の完了

● ぬ——無［　　　］的・自然的・静的な動作の完了

確述の意味 ▼p.2・46

● まだ完了していない動作や状態について、「**確実に実現する**」意を添える。

● 取り除くと意味が通じない。

例 (朝顔ノ花ハ)朝日に枯れ**ぬ**。(方丈記・ゆく川の流れ)
(朝顔の花は)朝日(が出るころ)にしぼんで**しまう**。

1 次の空欄に助動詞「つ」「ぬ」を適当な活用形に改めて入れなさい。

1 宿りかねたり〈 つ 〉ど、さすがに人のなき宿もありけり。(十六夜《いざよひ》日記・手越《てごし》)
宿が取りにくかったけれども　そうはいってもやはり

2 あづまうどこそ、言ひ〈 つ 〉ことは頼まるれ。(徒然草・一四一段)
東国の人は　信頼できる

3 おどろかしき光見えば、宮ものぞき給ひ〈 ぬ 〉む。(源氏物語・蛍)
驚くような　蛍兵部卿の宮も

4 御こともなくかしこに至り給ひ〈 ぬ 〉。(藤簍《つづらぶみ》冊子・秋山の記)
ご無事でかの地へお着きなさいませ

1	2	3	4

2 次の傍線部の助動詞の意味と活用形を答えなさい。

1 立ち遅れたる人々待つとて、そこに日を暮らしつ。(更級日記・門出)
出発し遅れた　一日を

2 「これは隆家《たかいへ》が言《こと》にしてむ。」とて、笑ひ給ふ。(枕草子・中納言参り給ひて)
(私)隆家の(言った)言葉に

3 限りなく遠くも来にけるかな。(伊勢物語・九段)

4 後世《ごせ》のことは、地獄ひたぶるになりぬ。(俊頼髄脳・惟規《のぶのり》臨終)
来世のことは　地獄(に落ちること)が必至になって

5 空よりも落ちぬべき心地する。(竹取物語・昇天)

6 岩角の中を、浮きぬ沈みぬ、五、六町こそ流れたれ。(平家物語・文覚《もんがく》荒行)
(文覚は急流の)ごつごつした岩の中を

1	2
3	**4**
5	**6**

第15回 助動詞(三)—たり・り・ず

確認

たり・り

▼p.48

活用

基本形	未然形	連用形	終止形	連体形	已然形	命令形
たり						
り						

接続　たり—[　　]形に接続
り—サ変の未然形・四段の已然形に接続

意味　①[　　]　②[　　]

完了と存続の違い

▼p.48

●完了—「……た・……てしまった」の意
事件・事象が済んだことを表す

●存続—「……ている・……てある」の意
事件・事象が済んで、その結果が続いている

ず

▼p.49

活用

未然形	連用形	終止形	連体形	已然形	命令形

接続　[　　]形に接続

意味　①[　　]

---

1 次の〈　〉内の助動詞の基本形を、適当な活用形に改めなさい。

1 頭《かしら》は黒髪もまじら〈① ず 〉いと白く、年老い〈② たり〉。　（宇治拾遺物語・一一一）

2 久しく行か〈③ ず 〉ければ、つつましくて立て〈④ り 〉けり。　（大和物語・一四九段）
（男は、女のもとへ）長らく／気が引けて（門前に）

①	②	③	④

2 次の傍線部の助動詞の意味と活用形を答えなさい。

1 つねよりもの思ひたる①さまなり。　（竹取物語・嘆き）
（かぐや姫は）

2 都に久しく住みて、慣れて見侍るに、人の心劣れり②とは思ひ侍らず③。　（徒然草・一四一段）
（東国の人に比べて都の）人の心が

①	②	③

3 次の傍線部の助動詞を、例にならって文法的に説明しなさい。

1 それを見れば、三寸ばかりなる例人、いとうつくしうてゐたり①。　（竹取物語・おひたち）
その竹を見ると／（身長）九センチほどの人が／とてもかわいらしい姿で

2 楫《かぢ》取《と》りは舟歌《ふなうた》うたひて、何とも思へら②ず③。　（土佐日記・一月九日）
船頭は

例	断定の助動詞「なり」の連体形。
①	
②	
③	

第16回 助動詞(四)—助動詞のまとめ①

確認

【「つ」「ぬ」＋過去の助動詞】 ▼p.47・74

- てき・にき ―― 完了＋過去 ……てしまった
- てけり・にけり ―― 完了＋過去 ……てしまった ／ 完了＋詠嘆 ……てしまったなあ

【「つ」「ぬ」＋推量の助動詞】 ▼p.47・74

- てむ
- なむ
- つべし
- ぬべし

など

- 確述(強意)＋推量 きっと……だろう
- 確述(強意)＋意志 きっと……う
- 確述(強意)＋当然 きっと……はずだ
- 確述(強意)＋適当 きっと……のがよい

など

【「たり」＋過去の助動詞】 ▼p.48・44

- たりき ―― 完了＋過去 ……てしまった ／ 存続＋過去 ……ていた
- たりけり ―― 完了＋過去 ……てしまった ／ 存続＋過去 ……ていた ／ 完了＋詠嘆 ……てしまったなあ ／ 存続＋詠嘆 ……ていたなあ

1 次の傍線部の助動詞の意味と活用形を後から選び、記号で答えなさい。同じ記号を何度選んでもよい。

1 扇《あふぎ》・小箱など懐に持ちたり①ける②も、水に入りぬ③。（徒然草・八九段）

2 衣《きぬ》かづけ（衣をほうびとして）られたり④し⑤も、からくなりに⑥き⑦とて、こまやかに笑ふ。（大鏡・雑々《くさぐさ》物語）

ア過去　イ完了　ウ存続　エ詠嘆　オ確述(強意)

カ未然形　キ連用形　ク終止形　ケ連体形　コ已然形　サ命令形

①	⑤
②	⑥
③	⑦
④	

2 次の傍線部を口語訳しなさい。

1 板敷きに月の傾《かたぶ》くまで伏せりて①、去年《こぞ》を思ひ出でてよめる②（歌）。（伊勢物語・四段）

2 （翁《おきな》）よみたりける③（歌）を、今見れば、よくもあらざりけり④。（伊勢物語・七七段）

3 鬼、はや（たちまち）一口に（女を）食ひてけり⑤。（伊勢物語・六段）

4 末々の船（身分の低い人たちの（乗る）船）に至るまで、平らかに（無事に）上り（（都に））給ひにき⑥。（大鏡・実頼《さねより》伝）

①	③	⑤
②	④	⑥

第17回 助動詞(五)—む・むず・べし

確認

む・むず
▼p.50

活用

基本形	未然形	連用形	終止形	連体形	已然形	命令形
む						
むず						

接続 ［　　］形に接続

意味 ①［　　］ ②［　　］ ③［　　］・勧誘 ④仮定 ⑤婉曲

べし
▼p.52

活用

未然形	連用形	終止形	連体形	已然形	命令形

接続 ［　　］形に接続　ラ変・ラ変型には［　　］形に接続

意味 ①［　　］ ②［　　］ ③適当 ④［　　］・義務 ⑤強い勧誘・［　　］ ⑥可能

1 次の傍線部の助動詞の意味と活用形を答えなさい。

1 いま一声呼ばれていらへむと、念じて《我慢して》寝たるほどに、（宇治拾遺物語・一二）

2 腹・胸なくは《ないなら》、いづくに《どこに》か心のあらむ。（宇津保物語・俊蔭）

3 などかくは急ぎ給ふ。花を見てこそ帰り給はめ。（宇津保物語・春日詣）

4 なほいと顔憎げならむ人は心憂し《いやだ》。（枕草子・職《しき》の御曹司《みざうし》の西面《にしおもて》の）

1	2

3	4

2 次の傍線部の助動詞を文法的に説明しなさい。

1 頼朝《よりとも》が首《かうべ》をはねて、わが墓の前に掛くべし。（平家物語・入道死去）

2 いまひとたび馬を馳《は》するものならば、馬倒《たふ》れて落つべし。（徒然草・二三八段）

3 峰にて(帝は、富士山の)すべきやう、教へさせ給ふ《お教えになる》。（竹取物語・ふじの山）

4 羽なければ《羽がないので》、空をも飛ぶべからず。（方丈記・元暦の大地震）

1	2	3	4

第18回 助動詞㈥—じ・まじ

確認

じ ▼p.54

活用

未然形	連用形	終止形	連体形	已然形	命令形

接続 ［　　］形に接続

意味 ①［　　］ ②［　　］

まじ ▼p.54

活用

未然形	連用形	終止形	連体形	已然形	命令形

接続 ［　　］形に接続 ラ変・ラ変型には［　　］形に接続

意味 ①［　　］ ②［　　］ ③［　　］・不適当 ④打消当然 ⑤不可能推量［　　］

「む」「べし」「じ」「まじ」の関係 ▼p.55

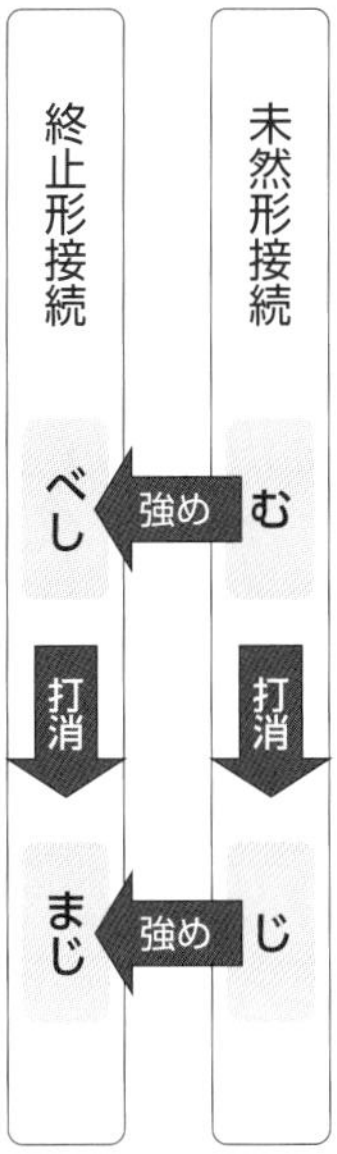

1 次の助動詞の意味を後から選んで記号で答え、活用形を答えなさい。同じ記号を何度選んでもよい。

1 京にはあらじ①、東《あづま》の方《かた》に住むべき国求めにとて行きけり。（伊勢物語・九段）
（東国のほうに住むのによい国を）

2 戦《いくさ》の陣へ笛持つ人はよもあらじ②。（平家物語・敦盛《あつもり》最期）

3 ものも聞きも果てず、ひた騒ぎに笑ふこと、あるまじき③ことなり。（十訓抄・第四）
（話も最後まで聞かず　大騒ぎで）

4 思ひの数は積もるとも、慰むことはよもあらじ④。（死ハ）つひには逃るまじき⑤道なり。（平家物語・小宰相身投）
（（悲しい）思いが数多く積もることはあっても　まさか）

ア 打消推量　イ 打消意志　ウ 禁止・不適当　エ 打消当然　オ 不可能推量

①	②	③	④	⑤

2 次の傍線部の違いがわかるように、それぞれ文法的に説明しなさい。

1 「女主《をんなあるじ》にかはらけ取らせよ。さらずは飲まじ。」と言ひければ、（伊勢物語・六〇段）
（奥方に杯を取って酌をさせろ）

2 妻《め》といふものこそ、男《をのこ》の持つまじきものなれ。（徒然草・一九〇段）

1	2

第19回 助動詞㈦—らむ・けむ

確認

らむ

▼p.56

未然形	連用形	終止形	連体形	已然形	命令形

接続　［　　　］形に接続
ラ変・ラ変型には［　　　］形に接続

意味　①［　　　］　②［　　　］
③現在の伝聞　④現在の婉曲　⑤推量

けむ

▼p.57

未然形	連用形	終止形	連体形	已然形	命令形

接続　［　　　］形に接続

意味　①［　　　］　②［　　　］
③過去の伝聞　④過去の婉曲

1 次の傍線部の助動詞の意味を答えなさい。

1 などて《どうして》今まで立ちならさざり《頻繁に通わなかった》つらむ。（源氏物語・賢木《さかき》）

2 雪のうちに春は来にけり鶯《うぐひす》のこほれる涙今やとくらむ（古今集・四）

3 これをかなしと《（とりえのない）子をいとしいと》思ふらむは、親なればぞかし《親であるからだよ》。（枕草子・世の中になほいと心憂きものは）

4 この大納言殿、よろづに整ひ給へるに《万事備わって（多才で）いらっしゃるのに》、和歌の方《かた》や少しおくれ給へりけむ。（大鏡・伊尹《これまさ》伝）

5 能登《のと》殿は、早業や劣られたりけむ、やがて《すぐに（源義経に）》続いても《（船に）》飛び給はず。（平家物語・能登殿最期）

6 ただ（コノ『枕草子』ガ）人に見えけむぞ、ねたき《しゃくだ》。（枕草子・跋《ばつ》）

1	2	3

4	5	6

2 次の傍線部を、「らむ」「けむ」の意味の違いがわかるように口語訳しなさい。

1 「昔は①聞きけむものを、木曽《きそ》の冠者、今は②見るらむ、左馬頭兼伊予守《さまのかみけんいよのかみ》（俺は）、朝日の将軍源義仲《よしなか》ぞや。」（平家物語・木曽最期）

2 「檜垣《ひがき》の御《ご》と（伝説的な女性歌人）③いひけむ人に、いかで《どうにかして》会はむ。いづくにか④住むらむ。」とのたまへば、（大和物語・一二六段）

①	②

③	④

確認

第20回 助動詞(八)—らし・めり・なり

らし

▼p.58

活用

未然形	連用形	終止形	連体形	已然形	命令形

接続 〔　　〕形に接続
ラ変・ラ変型には〔　　〕形に接続

意味 ①〔　　〕

めり

▼p.58

活用

未然形	連用形	終止形	連体形	已然形	命令形

接続 〔　　〕形に接続
ラ変・ラ変型には〔　　〕形に接続

意味 ①〔　　〕 ②婉曲

なり

▼p.59

活用

未然形	連用形	終止形	連体形	已然形	命令形

接続 〔　　〕形に接続
ラ変・ラ変型には〔　　〕形に接続

意味 ①〔　　〕 ②伝聞

1 次の傍線部の助動詞を、例にならって文法的に説明しなさい。

1 深山《みやま》には霰《あられ》降るらし外山《とやま》なるまさきのかづら色づきにけり（例） （古今集・一〇七七）
里近くの山のまさきの葛が

2 皮衣《かはぎぬ》を見ていはく、「うるはしき皮なめり。」 （竹取物語・火鼠の皮衣）
言うには　立派な

3 （法成寺ニハ）法華堂なども、いまだ侍るめり。これもまた、いつまでかあらむ。 （徒然草・二五段）

4 妻戸を、やはら、かい放つ音すなり。 （堤中納言物語・花桜折る少将）
そっと　開け放す

5 聞けば、侍従の大納言の御女《むすめ》なくなり給ひぬなり。 （更級日記・梅の立ち枝）
聞くところによると

6 思ひがひもなし。罪も深かなり。 （紫式部日記・寛弘五年十月）
思ってもしようがない　（仏教では、思い悩むことは）罪深い

例	1	3	5
詠嘆・けり・終止			

2	4	6

2 次の傍線部「らし」の推定の根拠が述べられている部分を抜き出しなさい。

1 秋の夜は露こそことに寒からし草むらごとに虫のわぶれば （古今集・一九九）
草むらのそこかしこに虫が

2 夕されば衣手《ころもで》寒しみ吉野《よしの》の吉野の山にみ雪降るらし （古今集・三一七）
夕方になると袖のあたりが

1	2

第21回 助動詞(九)——まし・なり・たり

確認

まし ▼p.60

活用

未然形	連用形	終止形	連体形	已然形	命令形

接続　［　　　　］形に接続

意味　①［　　　　］　②実現不可能な希望　③迷い・ためらい

なり・たり ▼p.62

活用

基本形	未然形	連用形	終止形	連体形	已然形	命令形
なり						
たり						

接続　なり——体言・［　　　　］形に接続
　　　一部の助詞や副詞にも接続
　　　たり——［　　　　］に接続

意味　①［　　　　］　②［　　　　］
　　　＊②は「なり」のみの用法

1 次の各文を口語訳し、例にならって、A「事実に反する仮定の内容」と、B「Aによって導かれた結果」を口語で抜き出し、C「事実はどうであったか」を口語で答えなさい。

1 (源氏の君ガ)おはせざらましかば《いらっしゃらなかったら》、いかに《どんなにか》心細からまし。(源氏物語・若紫)

2 この柑子《かうじ》《みかんを》得ざらましかば、この野中にて消え入りなまし。(宇治拾遺物語・九六)

	口語訳	A	B	C
1		例(源氏の君が)いらっしゃらない	例心細い	例(源氏の君が)いらっしゃるから、心細くない
2				

2 次の各文から断定の助動詞を二つずつ順に抜き出し、一文節で答えなさい。

1 月日は百代《はくたい》の過客《くわかく》にして《永遠の旅人であって》、行きかふ《移りゆく》年もまた旅人なり。(奥の細道・旅立ち)

2 (二首は)ともに名歌にて、拾遺《『拾遺集』に》に入りて侍るにや。(沙石集・巻五ノ六)

3 下《しも》として《臣下であって皇室に》上《かみ》に逆《さか》ふること、あに《どうして》人臣の礼たらむや。(平家物語・法印問答)

1		
2		
3		

第22回 助動詞(十)—助動詞のまとめ②

確認

「む」「べし」の違い ▶p.53

	む		べし
一人称	意志	強め→	強い［　　　］
二人称	適当・勧誘		適当・強い勧誘・命令
三人称	推量		確信のある［　　　］

「む」「らむ」「けむ」の違い ▶p.56

む	［　　］形接続	［　　　］のことを推量 不確かなことを推量
らむ	［　　］形接続	［　　　］のことを推量 眼前の事柄の原因を推量
けむ	［　　］形接続	［　　　］のことを推量 過去の事柄の原因を推量

「らし」「めり」「なり」の違い ▶p.59

らし	［　　］形接続	客観的事実に基づく推定 ［　　　］のある推定
めり	［　　］形接続	目で見た事柄に基づく推定 ［　　　］的推定
なり	［　　］形接続	耳で聞いた事柄に基づく推定 ［　　　］的推定

1 **次の傍線部の助動詞の意味を後から選び、記号で答えなさい。同じ記号を何度選んでもよい。**

1 人は、かたち・ありさま《容貌や風采が》のすぐれたら①むこそ、あらまほしかる《望ましい》②べけれ。（徒然草・一段）

2 よくせ《(芸が)うまく》ざら③むほどは、なまじひ《なまじっか》に人に知られ④じ。（徒然草・一五〇段）

3 「人違《ひとたが》へ⑤にこそ侍る⑥めれ。」と言ふも、息の下《息も絶え絶えの様子》⑦なり。（源氏物語・帚木）

ア推量　**イ**意志　**ウ**適当　**エ**婉曲

オ可能　**カ**打消推量　**キ**打消意志

ク推定　**ケ**伝聞　**コ**断定

①	②	③	④
⑤	⑥	⑦	

2 **次の傍線部の助動詞の意味の組み合わせとして適当なものを後から選び、記号で答えなさい。**

1 秋風に初雁《秋風に乗って初雁の声が》がねぞ聞こゆ①なるたがたまづさ《誰からの手紙を携えて》をかけて来②つらむ（古今集・二〇七）

ア①伝聞・②現在推量　**イ**①推定・②現在の原因推量

ウ①伝聞・②現在の伝聞　**エ**①推定・②現在の婉曲

［　　］

2 いづ方《どれも》をも捨て③じと心に取り持ちては、一事もなる④べからず。（徒然草・一八八段）

ア③打消推量・④意志　**イ**③打消意志・④当然

ウ③打消推量・④義務　**エ**③打消意志・④命令

［　　］

3 あひ見ずは恋しきこともなから⑤まし音にぞ人を《うわさだけであなたのことを》聞く⑥べかりける（古今集・六七八）

ア⑤反実仮想・⑥可能　**イ**⑤反実仮想・⑥適当

ウ⑤実現不可能な希望・⑥推量　**エ**⑤迷い・ためらい・⑥当然

［　　］

第23回 助動詞(十一)——る・らる

確認

る・らる

▼p.64

基本形	未然形	連用形	終止形	連体形	已然形	命令形
る						
らる						

＊自発・可能には命令形がない。

接続
る——四段・ナ変・ラ変動詞の［　　　］形に接続
らる——右以外の動詞の［　　　］形に接続

意味
①［　　　］ ②［　　　］
③［　　　］ ④［　　　］

「る」「らる」の意味の見分け方 ▼p.65・74

1 知覚動詞＋「る・らる」 ⬇［　　　］
2 「る・らる」＋打消・反語 ⬇［　　　］
3 受身の相手＋「に」＋「る・らる」 ⬇［　　　］
＊受身の相手が示されていない場合もある。
4 身分の高い人の動作＋「る・らる」 ⬇［　　　］
5 尊敬の動詞＋「る・らる」 ⬇［　　　］
6 「る・らる」＋「給ふ」 ⬇［　　　］以外

1 次の空欄に、助動詞「る」または「らる」を、適当な形に活用させて入れなさい。

1 やむごとなき人《高貴な人が》の、よろづの人にかしこまら〈 ① 〉、かしづか〈 ② 〉給ふ見るも、いとうらやまし。 （枕草子・うらやましげなるもの）

2 貫之《つらゆき》が歌思ひ出で〈 ③ 〉て、つくづくと久しうこそ《もの思いにふけって長い間》（車ヲ）立て〈 ④ 〉しか。 （枕草子・神は）

①	②	③	④

2 次の傍線部の助動詞の意味と活用形を答えなさい。

1 むせぶ《むせび泣く》涙におぼほれて《いっぱいになって》、言《こと》も続けられず。 （建礼門院右京大夫集・二三九詞書）

2 ありがたき《めったにないもの》もの、……姑《しうとめ》に思はるる嫁の君。 （枕草子・ありがたきもの）

3 あまりに水が速うて、馬は押し流され候ひぬ。 （平家物語・宇治川先陣）

4 かの大納言、いづれの舟にか乗らるべき。 （大鏡・頼忠伝）

5 「まな。」《（中宮が）「だめです。」》と仰せらるれば、《（女官たちは）》笑ひて帰りぬ。 （枕草子・宮に初めて参りたるころ）

6 子ゆゑにこそ、よろづのあはれは思ひ知らるれ。 （徒然草・一四二段）

1	3	5

2	4	6

第24回 助動詞㈩—す・さす・しむ

確認

す・さす・しむ

▼p.66

活用

基本形	未然形	連用形	終止形	連体形	已然形	命令形
す						
さす						
しむ						

接続

す——四段・ナ変・ラ変動詞の〔　　〕形に接続
さす—右以外の動詞の〔　　〕形に接続
しむ—用言の〔　　〕形に接続

意味

①〔　　〕　②〔　　〕

「す」「さす」「しむ」の意味の見分け方 ▼p.66・75

1 尊敬語を伴わない⬇〔　　〕
＊使役の対象が示されていない場合もある。

2 下に尊敬語を伴う⬇尊敬が多い
〔　　〕敬語・二重敬語
＊使役の場合もある。

---

1 **次の空欄に、助動詞「す」または「さす」を、適当な形に活用させて入れなさい。**

1 たよりごとに《ついでのあるたびに》、(隣人ニ)ものも《贈り物も》絶えず得〈　　〉たり。(土佐日記・二月十六日)

2 声高《こわだか》にものも言は〈　　〉ず。(土佐日記・二月十六日)

3 人々賜《たま》はりて《(帝から派遣して)いただいて》、月の都の人まうで来《こ》ば《やって参ったら》、捕らへ〈　　〉む。(竹取物語・昇天)

1	2	3

2 **次の傍線部の助動詞の意味と活用形を答えなさい。**

1 あなかま《しっ静かに》、人に聞かすな。(更級日記・大納言殿の姫君)

2 (以仁王《もちひと》ハ)御年三十にぞならせましましける。(平家物語・源氏揃《げんじぞろへ》)

3 おろかなる人の目を喜ばしむる楽しみ、またあぢきなし《つまらない》。(徒然草・三八段)

4 またの年五月二十四日こそは、冷泉院《れいぜいゐん》は誕生せしめ給へりしか。(大鏡・道長伝)

1	2
3	**4**

3 **次の傍線部を口語訳しなさい。**

1 (帝ハ)二月《きさらぎ》の二十日《はつか》余り、南殿《なでん》の桜の宴《えん》せさせ給ふ。(源氏物語・花宴)

2 (左大臣ハ)この方に《音楽の方面に》心得たる人々に弾かせ給ふ。(源氏物語・末摘花)

1	2

第25回 助動詞(十三)

——まほし・たし・ごとし・やうなり

確認

まほし・たし

▼p.68

活用

未然形	連用形	終止形	連体形	已然形	命令形
まほしく まほしから	まほしく まほしかり	まほし	まほしき まほしかる	まほしけれ	○
たく たから	たく たかり	たし	たき	たけれ	○

接続　まほし—動詞・助動詞「す」「さす」「ぬ」の未然形
たし—動詞・助動詞「る」「らる」「す」「さす」の連用形

意味　①［　　　］

ごとし

▼p.69

活用

未然形	連用形	終止形	連体形	已然形	命令形
ごとく	ごとく	ごとし	ごとき	○	○

接続　体言・［　　　］形・格助詞「が」「の」

意味　①［　　　］　②［　　　］

やうなり

▼p.70

活用

未然形	連用形	終止形	連体形	已然形	命令形
やうなら	やうなり やうに	やうなり	やうなる	やうなれ	○

接続　［　　　］形・格助詞「が」「の」

意味　①［　　　］　②［　　　］　③様子・状態　④婉曲

---

1 次の傍線部を口語訳しなさい。

1 人の、子産みたるに、男、女、とく聞かまほし。（枕草子・とくゆかしきもの）

2 花といはば、かくこそ匂はまほしけれな。（源氏物語・若菜上）
（この(梅の花の)ように）

3 ただ思ふこととては、出家ぞしたき。（平家物語・千手前《せんじゆのまへ》）

4 聞きたくおぼさむときは、はばかり給ふべからず。（古今著聞集・二六五）
(音楽を)　お思いになるような

1	2
3	**4**

2 次の各文から助動詞「ごとし」「やうなり」「ごとくなり」を抜き出し、例にならって文法的に説明しなさい。

1 土産《とさん》・粮料《らうれう》ごときの物も大切に候ふ。（平家物語・文覚被流《もんがくながされ》）
（土産や食糧）

2 蟻《あり》のごとくに集まりて、東西に急ぎ、南北に走《わし》る。（徒然草・七四段）

3 易《えき》の占《うら》は、行く末を、掌《たなごころ》の中のやうに指して、知ることに例てありけるなり。（宇治拾遺物語・八）
（易による占いは）

例	1	2	3
に——断定の助動詞「なり」の連用形。			

第26回 助動詞（十四）—助動詞のまとめ③

確認

【「す」「さす」「しむ」の違い】 ▼p.66

● す・さす—和文体で多く用いられる
● しむ——漢文訓読体や［　　］文で多く用いられる

【助動詞の音便】 ▼p.71

助動詞にはイ音便・ウ音便・撥音便がある。撥音は表記されないこともある。

● **イ音便**
べき人 → べ［　　］人
まじきこと → まじ［　　］こと

● **ウ音便**
べくあり → べ［　　］あり
まじくは → まじ［　　］は
まほしくなる → まほし［　　］なる
たくなる → た［　　］なる

● **撥音便**
ざるなり → ざ［　　］なり
たるめり → た［　　］めり
べかるなり → べか［　　］なり
まじかるめり → まじか［　　］めり
なるなり → な［　　］なり

1 次の傍線部の意味と活用形を答えなさい。

1 人にも語り継がせ①、ほめられ②むと思ふ人のしわざにや。（枕草子・成信《なりのぶ》の中将は）

2 （帝ガ）「ただ今こそ吹かめ。」（笛を）吹こう と仰せられ③て吹かせ④給ふは、いみじうめでたし。（枕草子・一条の院をば）

3 言ふかひなく、（ふがいなくも） 賊徒のために害され⑤むとす。これ宿業《しゆくごふ》の（前世の報いが）しからしむる⑥なり。（古今著聞集・四三〇）

4 清らに、望月《もちづき》のやう⑦にいと見まほしき⑧かたち（容貌である）になむ。（宇津保物語・国譲《くにゆづり》上）

①	②
③	④
⑤	⑥
⑦	⑧

2 次の傍線部の助動詞の音便の種類ともとの形を答えなさい。

1 平家の後ろ矢射つべい者はないか。（平家のために（我々源氏を）背後から矢で射そうな）（平家物語・勝浦）

2 下りまほしうなりにたらむ。（（自室に）下がりたく）（枕草子・宮に初めて参りたるころ）

3 かくてしばしも生きてありぬべかんめり。（こうしてもうしばらくは生きていてもいいようだ）（枕草子・御前にて人々とも）

4 扇のにはあらで、（扇の骨ではなくて）海月《くらげ》のななり。（枕草子・中納言参り給ひて）

1	2
3	4

第27回 助詞(一)—格助詞

◆格助詞

▼p.79～87

性質 主に[　　]・[　　]形に付いて、その語が文の成分としてどのような働きをするか、下の語に対してどのような資格に立つかを示す。

種類
①[　　](…ガ)——が　の
②連体修飾格(…ノ)——が　の
③連用修飾格(…ヲなど)—へ　を　に　と　にて　して　より　から
④[　　](…デ)——が　の

注意すべき文語特有の用法

▼p.80～87

- が・の　[　　](…デ)
- の・と　[　　](…ノヨウニ)
- に　[　　](…ニオカレテ)
- に・と　強調
- にて・して　手段・方法・材料(…デ・…ニヨッテ)
- して　使役の対象(…ニ・…ヲ使ッテ)
- より　即時(…ヤイナヤ・…トスグニ)
- から　原因・理由(…ニヨッテ・…次第デ)
- より・から　手段・方法(…デ・…ニヨッテ)

1 次の傍線部の助詞「が」「の」の意味として適当なものを後から選び、記号で答えなさい。

1 風①の吹くことやまねば、岸②の波立ち返る。(土佐日記・二月三日)

2 連歌しける法師③の、行願寺《ぎやうぐわんじ》④の辺にありけるが⑤、聞きて、(徒然草・八九段)
(連歌に携わっていた法師)(うわさを)

3 草⑥の花は、なでしこ。唐《から》⑦のはさらなり、大和《やまと》⑧のもいとめでたし。(枕草子・草の花は)

ア主格　イ連体修飾格　ウ同格　エ体言の代用

①	②	③	④	⑤	⑥	⑦	⑧

2 次の傍線部の助詞「に」の意味を答えなさい。

1 近き火などに逃ぐる人は、「しばし。」とや言ふ。(徒然草・五九段)
(ちょっと(待って))

2 上にも聞こしめして、渡りおはしましたり。(枕草子・上に候ふ御猫は)
((中宮のもとに)お越しになった)

3 白馬《あをうま》見にとて、里人は車清げにしたてて見に行く。(枕草子・ころは、正月)
(白馬の節会を)

1	2	3

3 次の傍線部の助詞「にて」「して」「より」の意味を、それぞれ漢字二字で答えなさい。

1 女の履ける足駄《あしだ》にて作れる笛には、秋の鹿必ず寄る。(徒然草・九段)
(履いていた下駄)

2 御迎へに来む人をば、長き爪して眼《まなこ》をつかみつぶさむ。(竹取物語・昇天)

3 (立派ナ住マヒモ)時の間の烟《けぶり》ともなりなむとぞ、うち見るより思はるる。(徒然草・一〇段)
(一瞬のうちに(焼け失せて))

1	2	3

第28回 助詞(二)──接続助詞・副助詞

確認

◆接続助詞 ▼p.87〜92

性質 活用語に付いて、上の文節を下の文節に続ける。

種類
①［　　　］接続──ば　と　とも　ど　ども
ものを　ものの　ものから　ものゆゑ
て　して　が　に　を　ながら
②［　　　］接続──て　して　が　に　を
で　つつ　ながら

条件接続の種類 ▼p.87

順接
- 仮定条件〈モシ…タラ〉　未然形＋**ば**
- 確定条件〈原因・理由〉（…ノデ）　已然形＋**ば**
- 確定条件〈偶然条件〉（…ト）　已然形＋**ば**
- 確定条件〈恒時条件〉（…トイツモ）　已然形＋**ば**

逆接
- 仮定条件（タトエ…テモ）　終止形＋**と・とも**
- 確定条件（…ノニ）　已然形＋**ど・ども**
- 恒時条件（…テモイツモ）　已然形＋**ど・ども**

◆副助詞 ▼p.93〜95

性質 種々の語に付いて、副詞のようにある意味を添えることによって下の［　　　］を修飾する。

種類 だに　すら　さへ　のみ　ばかり　まで　など
し　しも

1 **次の傍線部の助詞の意味として適当なものを後から選び、記号で答えなさい。**

1 風吹けば、え出で立たず。（出発することができない）（土佐日記・一月四日）

2 悪人のまねとて人を殺さば、悪人なり。（徒然草・八五段）

3 かばかりになりては、飛び降るとも降りなむ。（これくらいの高さに）（徒然草・一〇九段）

4 忘れがたく、くちをしきこと多かれど、え尽くさず。（心残りなことが）（書き尽くすことはできない）（土佐日記・二月十六日）

5 初めは声をあげ、叫びけるが、のちには声もせざりけり。（保元物語・上）

6 生まれしも帰らぬものをわが宿に小松のあるを見るが悲しさ（土佐日記・二月十六日）
（この家で）生まれた子も（土佐で亡くなって）　小松が生えているのを

ア順接の仮定条件　**イ**順接の確定条件〈原因・理由〉
ウ順接の確定条件〈偶然条件〉　**エ**順接の確定条件〈恒時条件〉
オ逆接の仮定条件　**カ**逆接の確定条件　**キ**単純接続

1	2	3	4	5	6

2 **次の傍線部の助詞の意味として適当なものを後から選び、記号で答えなさい。**

1 とみに立つべくもあらぬほど、星の光だに見えず、暗きに、（更級日記・春秋のさだめ）
急いで出立することもできそうにないほど　（月の光どころか）

2 我にいまひとたび声をだに聞かせ給へ。（源氏物語・夕顔）

3 女は船底に頭《かしら》をつきあてて、音《ね》をのみぞ泣く。（土佐日記・一月九日）
声をあげて

4 この夢ばかりぞ、後《のち》の頼みとしける。（更級日記・後の頼み）
この（み仏来迎の）夢　来世を願う頼り

ア類推　**イ**限定　**ウ**添加　**エ**強意
オ程度　**カ**例示　**キ**最小限の限定

1	2	3	4

第29回 助詞(三)—係助詞

確認

◆**係助詞** ▼p.97〜99

性質 種々の語に付いて、強意・疑問・反語などの意味を添え、文末を一定の結び方にする。

種類 ぞ　なむ　こそ　や(やは)　か(かは)　は　も

係り結びの法則 ▼p.100

意味	係助詞	結びの活用形
強意	ぞ　なむ	「　　」形
疑問・反語	や(やは)　か(かは)	「　　」形
強意	こそ	「　　」形

係り結びの留意点 ▼p.100〜101

● **結びの省略**
格助詞「と」+係助詞…「言ふ」などを省略。
断定の助動詞「に」+係助詞…「あり」などを省略。

● **結びの流れ**—結びとなるべき語に接続助詞が付くなどして下に続く。結びの「　　」ともいう。

● **「こそ」—已然形の逆接用法**—「こそ」—已然形で文が終わらずに下に続く場合、「　　」の意味になる。

● **会話文中の係り結び**—会話文や引用文・挿入句などは、それぞれその中で係り結びが成立する。

---

1 次の各文から係助詞と結びの語を抜き出し、例にならって結びの語の活用形を答えなさい。

1 「今こそは見め。」（今に思い知るだろう）とぞ言ふなる。　（伊勢物語・九六段）

2 その人、かたちよりは（容貌よりは）心なむまさりたりける。　（伊勢物語・二段）

3 「これを何とか見る。」とて書きおこせける（書いてよこした）(歌)、　（大和物語・附載説話）

	係助詞	結びの語	活用形
例	ぞ	なる	連体形
1			
2			
3			

2 次の〈　〉内の語を適当な活用形に改めなさい。

1 風の音にぞおどろかれ〈　ぬ　〉（自然と(秋の訪れが感じられて、)はっとしたことだ）　（古今集・一六九）

2 七夕《たなばた》まつるこそ〈　なまめかし　〉。　（徒然草・一九段）

3 尋ぬる人や〈　あり　〉。　（更級日記・大納言殿の姫君）

4 難《なに》波《は》より、昨日なむ都にまうで来〈　つ　〉（戻って参りました）。　（竹取物語・蓬莱の玉の枝）

5 いづれの山か、天に〈　近し　〉。　（竹取物語・ふじの山）

6 たれかは物語求め、見する人のあら〈　む　〉。　（更級日記・梅の立ち枝）

1	2	3
4	5	6

確認

第30回 助詞(四)—終助詞・間投助詞

◆終助詞 ▼p.103〜105

性質 [　　　]にあって、種々の語に付き、禁止・願望・詠嘆・念押しなどの意を添える。

種類
①[　　　] な　そ
②[　　　] ばや　なむ　しが(しか)　もがな・がな　てしが・てしがな　(てしか・てしかな)　にしが・にしがな　(にしか・にしかな)
③[　　　] な　か・かな　は　よ
④[　　　] かし　ぞ

◆間投助詞 ▼p.106

性質 文中、または文末にあって、語調を整えたり、詠嘆・呼びかけなどの意味を添えたりする。

種類 や　を

---

1 次の傍線部の助詞の意味として適当なものを後から選び、記号で答えなさい。

1 竜《たつ》の頸《くび》の玉取り得ずは、帰り来な。（竹取物語・竜の頸の玉）
取って来ないなら

2 しばし、この羊、な殺しそ。（宇治拾遺物語・一六七）

3 耳成《みみなし》の山のくちなし得てしがな思ひの色の下染めにせむ（古今集・一〇二六）
くちなしの実を

4 人には木の端《はし》のやうに思はるるよ。（徒然草・一段）

5 門の限りを高う作る人もありけるは。（枕草子・大進生昌《だいじんなりまさ》が家に）
門だけを

ア 禁止　イ 詠嘆　ウ 念押し
エ 自己の願望　オ 他に対する願望

1	2	3	4	5

2 次の傍線部を口語訳しなさい。

1 心あらむ人に見せばや津の国の難波《なには》わたりの春のけしきを（後拾遺集・四三）
情趣のわかる人に　摂津の国の　あたりの

2 入らせ給はぬ先に、雪降らなむ。（紫式部日記・寛弘五年十一月）
（中宮が宮中に）お戻りにならない前に

3 夏の蟬《せみ》の春秋《はるあき》を知らぬもあるぞかし。（徒然草・七段）

1	2	3

3 次の各文から間投助詞を含む一文節を抜き出しなさい。

1 我をば助けたれども、あつぱれ敵《かたき》や、いかにもして討たばや。（平家物語・篠原合戦）

2「とまれかくまれ、まづとくを聞こえむ。」とて、急ぎ帰りぬ。（蜻蛉日記・天禄《てんろく》二年六月）
とにもかくにも　早く

1	2

第31回 名詞・連体詞・副詞・接続詞・感動詞

確認

名詞の種類 ▼p.109

1［　　　］同じ種類に属する事物を広く指す。
2［　　　］人名など、特定のものを表す。
3［　　　］事物の数量や順序などを表す。
4［　　　］名前の代わりに事物を直接指す。
5 形式名詞　具体的な意味を失い、形式的な意味を表す。上に連体修飾語を必要とする。

副詞の種類 ▼p.111・112

1［　　　］の副詞　動作・作用の状態を詳しく説明。
2［　　　］の副詞　性質や状態の程度を詳しく説明。
3［　　　］の副詞　下の語句と呼応して、叙述のしかたを限定。

接続詞の種類 ▼p.114

1［　　　］接続　①順接　②逆接
2［　　　］接続　①並列・添加　②選択・対比　③同格・言い換え
3 その他の接続　①補足　②話題転換

感動詞の種類 ▼p.116

1［　　　］例 あつぱれ　あな　あはや　あはれ
2［　　　］例 いかに　いざ　いで　これ　なう
3［　　　］例 いさ　いな　いや　えい　おう

1 次の傍線部の品詞を答えなさい。

1 ①人々、「②あな恐ろし。③ものな申されそ。……」とぞつぶやき合はれける。（平家物語・厳島《いつくしま》御幸《ごかう》）

2 ④ありし戸口、⑤そこは、⑥まして（昨日に）まして今日は、人もやあらじ。人もいないだろうかと思う（堤中納言物語・貝合《かひあはせ》）

3 七仏薬師《しちぶつやくし》、七身一体の薬師如来像 ⑦並びに⑧五大尊の像を五大明王像を 作り始めらる。（平家物語・御産《ごさん》）

①	②	③	④

⑤	⑥	⑦	⑧

2 次の傍線部の副詞は、ア状態の副詞、イ程度の副詞、ウ呼応の副詞のどれに相当するか、記号で答え、呼応の副詞については、呼応している語を答えなさい。

1 （この扇の骨は）すべていみじう侍り。（枕草子・中納言参り給ひて）

2 わが道ならましかば、私の専門であったなら かくよそに見侍らじものを。傍観しますまいのに（徒然草・一六七段）

3 殿上の仙籍をば殿上人として昇殿することは いまだ許されず。（平家物語・祇園精舎）

4 いかで月を見ではあらむ。いられようか、いや、見ないではいられない（竹取物語・嘆き）

5 追ひ行けどえ追ひつかで、清水のある所に伏しにけり。（伊勢物語・二四段）

6 （自分では）いみじうをかしと言ひたることどもの、人の心にはつゆをかしからじ。（枕草子・九月ばかり）

1	2	3

4	5	6

第32回 敬語表現法(一)——敬語の語彙

確認

敬語表現の種類 ▼p.119

尊敬表現	話し手（書き手）が、話題の中の動作を［　　　］人を敬う表現　⇩為手《して》尊敬
謙譲表現	話し手（書き手）が、話題の中の動作を［　　　］人を敬う表現⇩受け手尊敬
丁寧表現	話し手（書き手）が、［　　　］（読み手）を敬う表現　⇩聞き手尊敬

二種類の用法を持つ敬語 ▼p.131

給ふ	尊敬語〈四段〉　お与えになる・お…になる 謙譲語〈下二段〉　いただく・お…申し上げる
参る	尊敬語　［　　　］ 謙譲語　伺う・差し上げる・してさしあげる
奉る	尊敬語　召し上がる・お召しになる・［　　　］ 謙譲語　差し上げる・お…申し上げる
侍り・候ふ	謙譲語　おそばにお控えする・［　　　］ 丁寧語　あります・…です・…ます

1 後の語群から敬語を選び、口語訳を答えて、次の表を完成させなさい。同じ敬語を何度選んでもよい。

基本の語	尊敬語	訳語	謙譲語	訳語
あり	①	いらっしゃる	②	おそばに控える
行く	③	④	⑤	⑥
思ふ	⑦	⑧	⑨	⑩
聞く	⑪	⑫	⑬	⑭

●承る　おはします　おぼしめす　聞こしめす　候ふ　存ず　まうづ

2 次の傍線部の敬語の種類を、A尊敬語、B謙譲語、C丁寧語から選び、意味を後のア～ウから選んで、それぞれ記号で答えなさい。

1 嫗《おうな》に、内侍《ないし》ののたまふ。（竹取物語・帝の求婚）

ア おっしゃる　イ 申し上げる　ウ 言います

2 （父ガ子ニ）「十日がうちに浄写して（主君ニ）参らすべし。」（折たく柴の記・上）

ア お与えになる　イ 差し上げる　ウ 与えます

3 （紫式部ガ中宮ニ）「めづらしきものは、何か侍るべき。」（無名草子・紫式部）

ア おありになる　イ おそばにお控えする　ウ あります

1	
2	
3	

敬語表現法(二)—敬語の実践

確認

【敬語理解の要点】 ▼p.119・136

1 敬語動詞を中心に、敬語の語彙を覚える。
2 **敬意の主体**(誰からの敬意か)を見きわめる。
⬇地の文か、会話文か。
3 **敬意の対象**(誰への敬意か)を見きわめる。
⬇動作をする人か、受ける人か。
話題の内容に関係なく、話の聞き手(読み手)か。

例 男、女に、文**奉る**。 男が、女に、手紙を差し上げる。
1「奉る」は「与ふ」の[　　　]語(差シ上ゲル)
2 地の文に用いられているので、[　　　](作者)からの敬意を表す。「男」からの敬意ではない。
3「奉る」は[　　　]語なので、「与ふ」という動作を[　　　]人(女)への敬意を表す。

【敬意の主体と対象】 ▼p.119・136

地の文にある	**尊敬語**—書き手から動作をする人への敬意 **謙譲語**—書き手から動作を受ける人への敬意 **丁寧語**—書き手から読み手への敬意
会話文にある	**尊敬語**—話し手から動作をする人への敬意 **謙譲語**—話し手から動作を受ける人への敬意 **丁寧語**—話し手から聞き手への敬意

1 次の傍線部の敬語の種類を、A尊敬語、B謙譲語、C丁寧語から選び、誰から(↓)誰への敬意を表しているか、答えなさい。

1 (男ハ)深草の帝になむ①つかうまつりける。 (伊勢物語・一〇三段)

2 (僧都《そうづ》ガ尼君《あまぎみ》ニ)「ただ今なむ聞きつけ②侍る。」 (源氏物語・若紫)

3 (良秀《りやうしう》ガ人々ニ)「わたうたちこそ(おまえさんたちこそ)、させる能も(これといった才能も)③おはせねば、ものをも惜しみ④給へ(ものを惜しみなさるのだ)。」 (宇治拾遺物語・三八)

①	②	③	④
↓	↓	↓	↓

2 次の傍線部に含まれる敬語は、誰から(↓)誰への敬意を表しているかを答え、傍線部を口語訳しなさい。

1 (帝ハ鷹《たか》ヲ)二《ふつか》、三日《みか》にあげず(間を置かず)御覧ぜぬ日なし。 (大和物語・一五二段)

2 (叡実《えいじつ》ガ使者ニ)「山々寺々に多かる人、たれかは(内裏ニ)参らざらむ。」 (発心集・巻四)

3 (子ガ親ニ)「(ツクロッタ障子ガ)まだらに候ふも見苦しくや。」 (徒然草・一八四段)

1	2	3
↓	↓	↓

第34回 敬語表現法㈢
―注意すべき敬語表現

確認

二方面に対する敬語 ▼p.134

● 話し手が動作をする人と動作を受ける人の**両方を同時に敬う**とき、主として[　　　]語＋[　　　]語の順で、敬語を重ねて用いる。

例 参り給ふ　参上なさる　〈謙譲語＋尊敬語〉

最高敬語 ▼p.134

● 動作をする人が最高階級の人の場合に用いられる敬語。敬語を二つ重ねたもので、[　　　]敬語ともいう。

1 一語の動詞になっているもの

例 **おはします**（おはす＋ます）　いらっしゃる

2 動詞＋尊敬の助動詞＋尊敬の補助動詞

例 帰ら**せ給ふ**　お帰りになる

絶対敬語 ▼p.135

● 最高階級の人に対してのみ用いられる敬語。動詞は、「[　　　]」の謙譲語の**「奏す」「啓す」**だけ。

例 **奏す**　天皇・上皇・法皇に申し上げる

例 **啓す**　皇后・皇太子に申し上げる

自敬表現 ▼p.135

● 帝などが、自分の動作に尊敬語を用いたり、相手の動作に謙譲語を用いたりして、**自分に敬意を表す**表現。

1 **次の傍線部の敬語は、A尊敬語、B謙譲語、C丁寧語のどれに相当するかを記号で答え、誰から(→)誰への敬意を表しているか、答えなさい。**

1 （僧都ガ尼君ニ）「光源氏、かかるついでに見①奉り②給はむや《拝見なさってはいかがか》。」　（源氏物語・若紫）

2 中宮なども、（紫の上ヲ）③おぼし忘るる時の間なく、恋ひ④聞こえ⑤給ふ。　（源氏物語・御法）

3 （家来ガ兼通《かねみち》ニ）「（兼家《かねいへ》様ハ）内裏《うち》へ⑥参ら⑦せ給ひぬ。」　（大鏡・兼通伝）

4 （兼平《かねひら》ガ木曾殿ニ）「御身は疲れ⑧させ給ひて⑨候ふ。」　（平家物語・木曾最期）

①		→
②		→
③		→
④		→
⑤		→
⑥		→
⑦		→
⑧		→
⑨		→

2 **次の傍線部を口語訳しなさい。**

1 まづそのことをこそは啓せむと思ひて参りつるに、　（枕草子・返る年の二月二十余日《よひ》）

2 （高遠《たかとほ》様ガ）御笛のことどもなど奏し給ふ、いとめでたし。　（枕草子・一条の院をば）

1	
2	

第35回

修辞法(一)—枕詞・序詞・句切れ

確認

枕詞

▼p.138

●下の特定の語にかかる、固定的な飾りの言葉。

●声調を整えたり、余韻を与えたりする効果がある。

●普通［　　］音節からなる。

例 あまざかる（天離る）—［　　］・鄙《ひな》・向かふ

例 あらたまの（新玉の）—［　　］・月・日・春

例 ちはやぶる（千早振る）—［　　］・社・宇治

序詞

▼p.138

●下にある語句を導き出す、独創的な前置きの言葉。

●具体的なイメージや背景を与える効果がある。

●普通［　　］音節以上からなる。

例 みかきもり衛士のたく火の＝比喩による序詞

皇居の門を守る衛士がたくかがり火のように、

夜は燃え昼は消えつつものをこそ思へ（詞花集・二二四）

夜は燃え上がり昼間は消え入ってはもの思いをするよ。

句切れ

▼p.139

●和歌の結句以外に意味的・文法的に終止があること。

［　　］句切れ　［　　］句切れ　↑七五調

五　七　五　七　七

五七調↓　［　　］句切れ　［　　］句切れ

---

1 次の和歌の［　　］に入れるのに適当な枕詞を後から選び、記号で答えなさい。

1 人もなきむなしき家は［　　］旅にまさりて苦しかりけり（万葉集・四五一）

2 もみぢ葉の散りゆくなへに［　　］使ひを見れば逢ひし日思ほゆ（万葉集・二〇九）
散ってゆくとともに

3 ［　　］月の桂《かつら》も秋はなほもみぢすればや照りまさるらむ（古今集・一九四）

ア あかねさす　イ あまざかる　ウ あをによし
エ くさまくら　オ たまづさの　カ ひさかたの

1	2	3

2 次の和歌の序詞に傍線を付し、それが導き出している語を答えなさい。

1 住江《すみのえ》の岸に寄る波夜さへや夢の通ひ路人目よくらむ（古今集・五五九）
夜までも　どうして夢の中の通い路で（あなたは）人目を避けるのでしょうか

2 秋づけば尾花《をばな》が上に置く露の消《け》ぬべくも吾《あれ》は思ほゆるかも（万葉集・一五六四）
秋めいてくると　（命が）消えてしまいそうに私には思われるよ

1	2

3 次の和歌に用いられている修辞技法を二つ答え、それぞれ歌の中から抜き出しなさい。

●ぬばたまの黒髪山の山菅《やますげ》に小雨降りしきしくしく思ほゆ（万葉集・二四五六）
しきりに

4 次の和歌は何句切れか。漢数字で答えなさい。

●心なき身にもあはれは知られけり鴫《しぎ》立つ沢の秋の夕暮れ（新古今集・三六二）
もののあはれを解さない私のような身にも

［　　］句切れ

第36回 修辞法㈡

—掛詞・縁語・本歌取り・体言止め

掛詞 ▶p.140

●同音を利用して、一つの言葉で複数の意味を表す技法。

●表現内容を豊かにする効果がある。

例 雪も　わが身も　ふり　まさりつつ　（古今集・三三九）

雪も → ふり＝「　　　」

わが身も → ふり＝古り

縁語 ▶p.140

●ある語と意味上関係の深い語をことさら用いる技法。

●連想によってイメージを豊かにする効果がある。

例 八重桜今日九重ににほひぬるかな　（詞花集・二七）

●「九重《ここのへ》」が「八重《やへ》」の縁語。

●「宮中」のことを「八重」と縁のある「九重」と表現。

本歌取り ▶p.140

●「　　　」（古歌）の一節を取り入れる技法。

●本歌の世界が重なって、余情を深める効果がある。

体言止め ▶p.141

●第五句（結句）を「　　　」で止める技法。

●余情・余韻を高める効果がある。

物の名（隠し題） ▶p.141

●歌の中に物の名を隠してよみこむ技法。

●物の名を一音ずつ各句の頭に置いてよむ技法＝**折句**

---

1 次の傍線部の言葉は何と何との掛詞か。例にならって答えなさい。

1 かれはてむのちをば知らで夏草の深くも人の思ほゆるかな　（古今集・六八六）

2 わびぬれば身をうき草の根を絶えて誘ふ水あらば往《い》なむとぞ思ふ　（古今集・九三八）
（この世が）いやになってしまったので

3 これやこの行くも帰るも別れつつ知るも知らぬも逢坂の関　（後撰集・一〇九〇）
これがまあ　（東国へ）行く人も（京へ）帰る人も

例	1	2	3
秋／飽き			

2 次の□の語の縁語を、解答欄の数に合わせて順に抜き出しなさい。

1 かきつらね昔のことぞ思ほゆる雁はその世の友ならねども　（源氏物語・須磨）
次から次へと　そのころの友ではないのだが

2 青柳の糸より掛くるはるしもぞ乱れて花のほころびにける　（古今集・二六）
糸のような枝をなびかせるこの春に

1	2

3 次の和歌に用いられている修辞技法を、あとのア～オから選びなさい。

1 わたの原八十島《やそしま》かけてこぎ出でぬと人には告げよあまの釣り舟　（古今集・四〇七）

2 うちつけに袂《たもと》涼しくおぼゆるは衣《ころも》に秋のきたるなりけり　（後拾遺集・二三五）
突然に

ア 枕詞　イ 序詞　ウ 掛詞　エ 体言止め　オ 物の名

1	2

第37回

識別(一)—が・けれ

確認

「が」の識別 ▼p.144

1格助詞

①[　　]に接続。

②[　　]形に接続……下に体言や体言の代用の「の」を補うことができる。

2接続助詞

①[　　]形に接続……下に体言や体言の代用の「の」を補うことができない。

②[　　]時代後期より前の作品には使われない。

「けれ」の識別 ▼p.144

1過去の助動詞「けり」の已然形

①[　　]形に接続。

2形容詞の已然形活用語尾（シク活用は語尾の一部）・**形容詞型活用語の已然形の一部**

①助動詞「けり」は語幹や終止形には接続しない。

3カ行四段動詞已然形活用語尾＋完了の助動詞「り」の已然形・命令形

①助動詞「けり」は語幹には接続しない。

1 次の傍線部の「が」の文法的説明を後から選び、記号で答えなさい。

1 一重《ひとへ》なるが、まづ咲きて散りたるは、心とく《気が早く》、をかし。（徒然草・一三九段）

2 （有国《ありくに》ハ）打ち物《刀を》抜いて戦ひけるが、かたきあまた討ち取り、矢七つ八つ射立てられて、立ち死ににこそ死ににけれ《立ったままで死んだ》。（平家物語・篠原合戦）

3 平らなる板の一尺《三十センチ》ばかりなるが、広さ一寸《三センチ》ばかりなるを、鼻の下にさし入れて、（宇治拾遺物語・二五）

ア主格の格助詞　イ連体修飾格の格助詞　ウ同格の格助詞
エ順接の接続助詞　オ逆接の接続助詞　カ単純接続の接続助詞

1	2	3

2 次の傍線部の「けれ」と文法的に同じものを後から選び、記号で答えなさい。

● いとはかなうものし給ふこそ《(あなたが)たいへん頼りなくていらっしゃるのが》、あはれにうしろめたけれ。（源氏物語・若紫）

ア据ゑ直して《(神官が狛犬を)》いにければ、上人《しやうにん》の感涙いたづらになりにけり。（徒然草・二三六段）

イ四十《よそぢ》に足らぬほどにて死なむこそ、めやすかるべけれ。（徒然草・七段）

ウものも言はれず、涙のみ浮けれど、念じ返して《じっと我慢していると》あるに、（蜻蛉日記・天禄二年六月）

エ横笛、情けなう恨めしけれども、力なう涙をおさへて帰りけり。（平家物語・横笛）

オえとどむまじければ、たださし仰ぎて泣きをり。（竹取物語・昇天）

[　　]

第38回

識別(二)——し・しか

確認

「し」の識別 ▼p.144

1 サ変動詞の連用形

①「[　　　]」の意味を持つ。

2 過去の助動詞「き」の連体形

①[　　　]形に(カ変・サ変には未然形にも)接続。

②下に体言が付くか、「ぞ・なむ・や・か」の結びであることが多い。

3 副助詞

①種々の語に付き、取り除いても文意が通じる。

「しか」の識別 ▼p.145

1 過去の助動詞「き」の已然形

①[　　　]形(カ変・サ変には未然形にも)に接続。

②下に「ば・ど・ども」が付くか、「[　　　]」の結びであることが多い。

2 過去の助動詞「き」の連体形＋係助詞または終助詞「か」

①[　　　]形に接続。

②「か」が疑問・反語か詠嘆を表す。

3 願望の終助詞「しか」と「てしか」「にしか」の一部

①「て」「に」と「しか」は切り離せない。連用形に接続。

②文末にあり、「……[　　　]」の意味を表す。

1 次の傍線部の「し」から他の四つと文法的性質の異なるものを選び、番号で答えなさい。

1 いみじかりし人のありさまなり。 (宇治拾遺物語・二八)

2 打出《うちいで》の浜のほどなど《あたりなど》、見しにも変はらず。 (更級日記・石山詣で)

3 生きとし生けるもの、いづれか歌をよまざりける。 (古今集・仮名序)

4 その人、ほどなく失せにけりと聞き侍りし。 (徒然草・三二段)

5 やがて《そのままずぐに》、繁樹《しげき》(名を)となむつけさせ給へりし。 (大鏡・序)

[　　]

2 次の傍線部の「しか」の文法的説明を後から選び、記号で答えなさい。

1 文《ふみ》書くとてゐて侍りし人の顔こそ《座っておりました人の顔は》、いとよく侍りしか。 (源氏物語・夕顔)

2 いかで《なんとかして(継母に)》よろしく思はれにしかなとこそ思はめ。 (落窪物語・巻一)

3 「御詞《おんことば》にて仰せらるることはなかりしか。」と問ひ給へば、 (平家物語・三日平氏《みっかへいじ》)

発展 4 あはれ、昨日翁丸《おきなまろ》をいみじうも打ちしかな。 (枕草子・上に候ふ御猫は)

発展 5 それを(帝は)道すじまでもさへ分かたせ給へば、しかおはしましあへるに、 (大鏡・道長伝)

発展 6 よに心ゆるびなき《全く気の休まることもないのが》なむ、わびしかりける。 (蜻蛉日記・康保三年八月)

ア 過去の助動詞　イ 過去の助動詞＋助詞　ウ 過去の助動詞＋助詞の一部
エ 終助詞の一部　オ シク活用形容詞の一部　カ 副詞

1	2	3	4	5	6

第39回 識別㊂——して・せ

確認

「して」の識別 ▼p.145

1 サ変動詞の連用形＋接続助詞「て」
①「[　　]」の意味を持つ。

2 サ行四段動詞の連用形活用語尾＋接続助詞「て」
①助詞「して」やサ変動詞「し」は語幹には接続しない。

3 格助詞
①[　　]・連体形に接続。
②手段・方法・材料・使役の対象などを表す。

4 接続助詞
①[　　]形に接続。
②「くして・にして・として・ずして」の形が多い。

「せ」の識別 ▼p.145

1 サ変動詞の未然形
①「[　　]」の意味を持つ。

2 使役・尊敬の助動詞「す」の未然形・連用形
①[　　]形に接続。
②使役(尊敬)の意味を持つ。

3 過去の助動詞「き」の未然形
①[　　]形に接続。
②「せば……[　　]」の形になる。

1 次の傍線部の「して」から格助詞を選び、番号で答えなさい。

1 ものに酔《ゑ》ひたる心地して、うつ伏しに伏せり。　（竹取物語・昇天）

2 その来たること速やかにして、念々の間にとどまらず、　（徒然草・七四段）
老いと死とがやって来ることは／一瞬の

3 つづりといふもの帽子にして侍りけるこそ、いとあはれなれ。　（無名草子・清少納言）
綴りというものを

4 春日《かすが》の里に、領《し》るよしして、狩りにいにけり。　（伊勢物語・一段）
（その地を）領有する

5 四条より上《かみ》さまの人、みな北をさして走る。　（徒然草・五〇段）
四条通りより北のほうの人は

[　　]

2 次の傍線部の「せ」を、(1)動詞(動詞の一部)と助動詞に分けて番号で答え、(2)助動詞の中から使役の用法のものを番号で答えなさい。

1 (源氏ハ)文章博士《もんざうはかせ》召して、願文《ぐわんもん》作らせ給ふ。　（源氏物語・夕顔）
仏前で読み上げる文章を

発展

2 月の出でたらむ夜は、見おこせ給へ。　（竹取物語・昇天）

3 (花山院ハ)永観二年八月二十八日、位につかせ給ふ、御年十七。　（大鏡・花山院）

4 頭ははげなりに舞台へ出て芸をせば、慰みになるべきや。　（難波土産《なにはみやげ》・虚実皮膜論《きよじつひにくのろん》）
はげた様子のままで／（観客の）楽しみに

5 もみぢ葉の流れざりせば竜田川《たつたがは》水の秋をばたれか知らまし　（古今集・三〇二）
竜田川の水に表れた秋を

6 いかにせましと思ひやすらひて、これかれに言ひ合はすれば、　（蜻蛉日記・天延元年九月）
ためらって／あちこちに相談すると

(1)	動詞		助動詞		(2)	

第40回 識別㈣―たり・て

確認

「たり」の識別
▼p.146

1 完了の助動詞「たり」の連用形・終止形

①[　　]形に接続。

2 断定の助動詞「たり」の連用形・終止形

①[　　]に接続。

②「……[　　]」の意味を持つ。

3 タリ活用形容動詞の連用形・終止形活用語尾

①助動詞「たり」は形容動詞の語幹に接続しない。

②上に連用修飾句を付けることができる。

○いと＋冥々たり。

③「たり」の上は語幹なので（＝体言ではないので）、[　　]にならない。

×冥々《めいめい》は……する。

「て」の識別
▼p.146

1 完了の助動詞「つ」の未然形・連用形

①助動詞が付き、「てき」「てけり」「てむ」などになる。

2 接続助詞

①「そうして」などの意味で下の文節に続く。

---

1 次の傍線部の「たら」「たり」「たる」の文法的説明の組み合わせとして適当なものを後から選び、記号で答えなさい。

1 所労もし定業《ぢやうごふ》たらば、医療を加ふとも益《えき》なからむか。（平家物語・医師問答）
（病気が／定められた報い／治療を加えても）

2 (忠信《ただのぶ》ハ)屏風《びやうぶ》一具《ひとよろひ》に火をつけて、天井へ投げ上げたり。（義経記・巻五）
（一双に）

3 朝《あした》に死に、夕べに生まるるならひ、ただ水の泡にぞ似たりける。（方丈記・ゆく川の流れ）
（朝に死ぬ人がいると／夕方に生まれる人がいるという(人の世の)ならわしは）

4 凄々《せいせい》たる微陽《びやう》の前、遠路に臨んで眼《まなこ》をきはむ。（平家物語・富士川）

ア 1完了の助動詞　2存続の助動詞　3形容動詞語尾　4断定の助動詞
イ 1断定の助動詞　2完了の助動詞　3存続の助動詞　4形容動詞語尾
ウ 1形容動詞語尾　2存続の助動詞　3完了の助動詞　4断定の助動詞
エ 1存続の助動詞　2断定の助動詞　3断定の助動詞　4完了の助動詞

[　　]

2 次の傍線部の「て」について、文法的に同じものの組み合わせを後から選び、記号で答えなさい。

1 僧を出だし立てて初瀬《はつせ》に詣でさすめり。（更級日記・初瀬詣で）
（参詣させるようだ）

2 小刀《こがたな》を天狗《てんぐ》の腕《かひな》にいささか突き立ててけり。（古今著聞集・六〇四）

3 心づきなきことあらむ折は、なかなかそのよしをも言ひてむ。（徒然草・一七〇段）
（気の進まないことが／かえってその事情を）

4 興なきことを言ひてもよく笑ふにぞ、品のほど計られぬべき。（徒然草・五六段）
（おもしろくないことを／品位の程度を）

ア 1　2　3と4　　イ 1　2と3　4　　ウ 1と2　3　4　　エ 1　4と2　3

[　　]

第41回 識別(五)―と・な

確認

「と」の識別 ▼p.146

1 断定の助動詞「たり」の連用形
①[　　]に接続する。
②「……で・……であって」の意味を持つ。

2 タリ活用形容動詞の連用形活用語尾
①助動詞・助詞「と」は形容動詞の語幹に接続しない。
②③「たり」の識別**3**②③参照。

3 格助詞
①体言・連体形・[　　]に接続する。

4 副詞の一部
①「と」の上が体言でなく、「‐たり」にもならない。
②活用がない。

「な」の識別 ▼p.146

1 完了の助動詞「ぬ」の未然形
①[　　]形に接続。

2 禁止の終助詞
①[　　]形（ラ変型には連体形）に接続。

3 詠嘆の終助詞
①終止した文に付く。

4 禁止の副詞
①禁止の終助詞「[　　]」と呼応する。

1 次の傍線部の「と」から文法的に同じものを二つ選び、番号で答えなさい。

1 佳景寂寞《かけいじやくまく》（すばらしい景色は）として心澄みゆくのみおぼゆ。（奥の細道・立石寺《りふしやくじ》）

2 一天の君（天子様の）の御外戚《ごぐわいせき》として、一族の昇進《しようじん》六十余人。（平家物語・千手前）

3 目のきろきろとして、またたきゐたり（まばたきして座っていた）。（堤中納言物語・はいずみ）

4 狐《きつね》・ふくろふを友として、今日までは過ごしぬ。（雨月《うげつ》物語・浅茅《あさぢ》が宿）

5 ねびゆかむさまゆかしき（成長してゆく先の様子を見たい）人かなと、目とまり給ふ。（源氏物語・若紫）

発展 6 風吹くと枝を離れて落つまじく（落ちないように）花とぢつけよ青柳《あをやぎ》の糸（山家集・一五一）

2 次の傍線部の「な」から助動詞をすべて選び、番号で答えなさい。

1 命（私の）絶えて、なくもなりなば、やがて（あなたが）そのまま自分の家にして）わが家にして居給へ。（宇治拾遺物語・九六）

2 「波な立ちそ。」と、人々ひねもすに（一日中祈ったかいがあって）祈る験《しるし》ありて、風波立たず。（土佐日記・二月五日）

3 「時かはさず（時を移さず）持て来。ほかに寄るな。とく走れ。」（宇治拾遺物語・一二三）

4 にくしとこそ思ひたれな。（源氏物語・夕顔）

発展 5 髪ゆるるかにいと長く、めやすき人（見た目に感じのよい人）なめり。（源氏物語・若紫）

発展 6 さても、いとうつくしかりつる（かわいらしかった）児《ちご》かな。（源氏物語・若紫）

第42回 識別(六)—なむ・なり

確認

【「なむ」の識別】

1 確述の助動詞「ぬ」の未然形＋推量の助動詞「む」 ▼p.147

①［　　］形に接続。

2 強意の係助詞

①種々の語に付き、取り除いても文意が通じる。

②係り結びで、結びが［　　］形になる。

3 他に対する願望の終助詞

①［　　］形に接続。文末にある。

4 ナ変動詞の未然形活用語尾＋推量の助動詞「む」

①上が「死」「往《い》(去)」で、「な」と切り離せない。

【「なり」の識別】 ▼p.147

1 断定の助動詞「なり」の連用形・終止形

①体言・［　　］形に接続。

2 推定・伝聞の助動詞「なり」の連用形・終止形

①［　　］形(ラ変型活用語には連体形)に接続。

②［　　］や声によって推定する意味を持つ。

3 ナリ活用形容動詞の連用形・終止形活用語尾

①「たり」の識別3参照。

4 ラ行四段動詞「なる」(成る)の連用形

①述語になり、「成る」の意味を持つ。

②「になり・となり・くなり・ずなり」の形が多い。

1 次の傍線部の「なむ」の文法的説明として適当なものをそれぞれ選び、記号で答えなさい。

1 (火ハ)舞人《まひびと》を宿《やど》せる仮屋《かりや》より出で来たりけるとなむ。　(方丈記・安元の大火)

2 人知れぬわが通ひ路の関守は宵々ごとにうちも寝ななむ　(伊勢物語・五段)
関守(のような見張りの番人)は

3 一生は、雑事《ざふじ》の小節《せうせつ》に障《さ》へられて、むなしく暮れなむ。　(徒然草・一一二段)
小さな義理に妨げられて

4 男、「都へいなむ。」と言ふ。　(伊勢物語・一一五段)

ア 確述の助動詞＋推量の助動詞　イ 確述の助動詞＋適当の助動詞
ウ 動詞活用語尾＋意志の助動詞　エ 動詞活用語尾＋婉曲の助動詞
オ 強意の係助詞　カ 願望の終助詞

1	2	3	4

2 次の傍線部の助動詞「なり」「なる」「なれ」から、(1)助動詞でないものを一つ選び、記号で答えなさい。(2)助動詞であるものについて、順に意味を答えなさい。

1 ひさかたの天《あめ》の露霜置きにけり家なる人も待ち恋ひぬらむ　(万葉集・六五一)

2 人々の声あまたして、来る音すなり。　(宇治拾遺物語・一七)

3 大家《おほいへ》滅びて小家《こいへ》となる。　(方丈記・ゆく川の流れ)

4 尼になるとのたまふなる、まことか。　(多武峰少将物語《たふのみねのせうしやうものがたり》)

5 京には見えぬ鳥なれば、みな人見知らず。　(伊勢物語・九段)

(1)		(2)			

第43回

識別(七)—に・にて

確認

「に」の識別 ▼p.148

1 断定の助動詞「なり」の連用形

①体言・[　　　]形に接続。

②「……で・……であって」の意味を持つ。

2 完了の助動詞「ぬ」の連用形

①連用形に接続。「にき・にけり・にたり」となる。

3 ナリ活用形容動詞の連用形活用語尾

①「たり」の識別**3**参照。

4 格助詞

①体言・[　　　]形に接続。

5 接続助詞

①[　　　]形に接続。

6 副詞の一部

①「と」の識別**4**参照。

「にて」の識別 ▼p.148

1 断定の助動詞「なり」の連用形「に」＋接続助詞「て」

①「に」の識別**1**参照。

2 ナリ活用形容動詞連用形活用語尾「に」＋接続助詞「て」

①「に」の識別**3**参照。

3 格助詞

①体言・連体形に接続。場所・手段・原因などを表す。

---

1 次の傍線部の「に」の文法的説明を後から選び、記号で答えなさい。

1 もの思ふ人の魂は、げに①あくがるる（体を離れる）ものに②なむありける。（源氏物語・葵）

2 かかる病《やまひ》もあることに③こそありけれ。（徒然草・四二段）

3 よろしうよみたる（まずまずうまくよめたと）と思ふ歌を、人のもとに④やりたるに⑤、返しせぬ（返歌をしないの（は、興ざめだ））。（枕草子・すさまじきもの）

4 静かに⑥経読み、念仏して、海に⑦ぞ沈み給ひける。（平家物語・太宰府落）

5 かきくらす（心を真っ暗にする闇）心の闇《やみ》に⑧まどひに⑨き夢うつつとは今宵《こよひ》定めよ（伊勢物語・六九段）

ア 断定の助動詞連用形　イ 完了の助動詞連用形
ウ 形容動詞の連用形活用語尾　エ 格助詞　オ 接続助詞　カ 副詞の一部

①	②	③	④	⑤	⑥	⑦	⑧	⑨

2 次の傍線部の「にて」について、文法的に同じものの組み合わせを後から選び、記号で答えなさい。

1 御目は白目《しらめ》にて臥《ふ》し給へり。（竹取物語・燕の子安貝）

2 たれもいまだ都慣れぬほどにて、（物語ヲ）え見つけず（見つけることができない）。（更級日記・物語）

3 まさしく（間違いなく）あの客僧（旅の僧が）こそ判官殿《はうぐわん》にておはしけれ。（義経記・巻七）

4 暁《あかつき》に帰りて、心地あしげにて、唾《つばき》を吐《は》き、臥《ふ》したり。（古本説話集・一九）

ア 1・2　イ 2・3　ウ 3・4　エ 1・3　オ 2・4

第44回

識別(八)—ぬ・ね

確認

「ぬ」の識別

▼p.149

1 完了の助動詞「ぬ」の終止形
① [　　　]形に接続。
② 言い切るか、助動詞「べし・らむ」などが付く。

2 打消の助動詞「ず」の連体形
① [　　　]形に接続。
② 下に体言が続くか、「ぞ・なむ・や・か」の結びであることが多い。

3 ナ変動詞の終止形活用語尾
① 上が「死」「往(去)」で、「な」と切り離せない。

「ね」の識別

▼p.149

1 完了の助動詞「ぬ」の命令形
① [　　　]形に接続。
② 「……てしまえ」の意味を表す。

2 打消の助動詞「ず」の已然形
① [　　　]形に接続。
② 下に「ば・ど・ども」が付くか、「[　　　]」の結びであることが多い。

3 ナ変動詞の命令形活用語尾
① 上が「死」「往(去)」で、「な」と切り離せない。

---

1 次の傍線部の「ぬ」の意味と活用形を答えなさい。

1 (船頭ガ)「潮満ちぬ①。風も吹きぬ②べし。」とさわげば、船に乗りなむとす。(土佐日記・十二月二十七日)

2 日数《ひかず》の早く過ぐるほどぞ、ものにも似ぬ③。(徒然草・三〇段)

3 風の音、虫の声につけつつ《虫の声を聞くにつけてもそのたびに》、涙落とさぬ④はなし。(源氏物語・御法)

①	②
③	④

2 次の傍線部と文法的に同じ「ね」を後からそれぞれ選び、記号で答えなさい。

人の親の心は闇にあらね①ども子を思ふ道に迷ひぬ②るかな (後撰集・一一〇二)

ア 何のことにてもあれ《どんなことでもいい》、思ふことはうちあらはして《打ち明けて》言ひね。(花月草紙・八四)

イ 女などこそさやうの《そのような》もの忘れはせね、男はさしもあらず。(枕草子・故殿《ことの》の御服《おんぷく》のころ)

ウ 水におぼれて死なば死ね、いざ(川ヲ馬デ)渡さむ。(平家物語・橋合戦)

①	②

3 次の傍線部の「ぬ」「ね」を文法的に説明しなさい。

世の中に見えぬ①皮衣《かはぎぬ》のさまなれば、これをと《これを(本物の皮衣だ)と》思ひ給ひね②。(竹取物語・火鼠の皮衣)

①	②

第45回 識別㈨―ばや・らむ

確認

「ばや」の識別 ▼p.149

1 仮定条件の接続助詞「ば」+疑問・反語の係助詞「や」
①[　　]形に接続。
②「もし～たら(なら)……か」の意味を表す。

2 確定条件の接続助詞「ば」+疑問・反語の係助詞「や」
①[　　]形に接続。
②「～から(ので)……か」の意味を表す。

3 願望の終助詞
①[　　]形に接続。
②文末にあり、「……[　　　]」の意味を表す。

「らむ」の識別 ▼p.150

1 現在推量の助動詞「らむ」の終止形・連体形
①[　　]形(ラ変には連体形)〈u段〉に接続。

2 ラ行四段(ラ変)動詞の未然形活用語尾+推量の助動詞「む」の終止形・連体形
①助動詞「らむ」は語幹には接続しない。

3 完了の助動詞「り」の未然形+推量の助動詞「む」の終止形・連体形
①サ変動詞の[　　]形・四段動詞の已然形〈e段〉に接続。

---

1 次の傍線部の意味を後から選び、記号で答えなさい(同じ記号を二度用いない)。

1 嘆かる心のうちの苦しさ《嘆かずにはいられない(私の)》を人《誰かが》の知らばや君《あなたに》に語らむ　(山家集・一三三二)

2 かく《このように》もののおぼゆればや、人《人は》の誤りをもすらむ。　(宇津保物語・祭《まつり》の使《つかひ》)

3 ほととぎすの声尋ねに行かばや。　(枕草子・五月の御精進《みさうじ》のほど)

ア 仮定条件+疑問　イ 確定条件+疑問　ウ 願望

1	2	3

2 次の傍線部の「らむ」の文法的説明を後から選び、記号で答えなさい。

1 何の《何者が》、かう心もなう《無神経に》、遠からぬ門《かど》を高くたたくらむ。　(枕草子・里にまかでたるに)

2 たれかは物語求め、見する人のあらむ。　(更級日記・梅の立ち枝)

3 後《のち》はたれにと心ざす《(自分の)死後は誰それに(譲ろう)と》ものあらば、生けらむうちにぞ譲るべき。　(徒然草・一四〇段)

発展 4 つれづれわぶる人は《することのない所在なさをつらく思う人は》、いかなる心ならむ。　(徒然草・七五段)

ア「らむ」　イ「り」+「む」　ウ「なり」+「む」　エ 四段動詞+「む」
オ ラ変動詞+「む」

1	2	3	4

3 次の傍線部の「らむ」を、例にならって文法的に説明しなさい。

1 あはれのことや、尼などにやなりたる(例)らむ。　(堤中納言物語・花桜折る少将)

2 白浜の色もけぢめ見えたる《くっきり見えている》心地して、雪を敷けらむやうなる上に、　(道ゆきぶり)

例	1	2
完了・連体		

第46回 識別(十)—る・を

確認

「る」の識別 ▼p.150

1 自発・可能・受身・尊敬の助動詞「る」の終止形

①四段・ナ変・ラ変動詞の未然形〈a段〉に接続。

2 完了の助動詞「り」の連体形

①サ変動詞の[　　]形・四段動詞の已然形〈e段〉に接続。

②下に体言が続くか、「ぞ・なむ・や・か」の結びであることが多い。

3 ラ行四段動詞の終止形・連体形の活用語尾

①助動詞「る」は語幹には接続しない。

「を」の識別 ▼p.150

1 格助詞

①[　　]に接続。

②[　　]形に接続……下に体言や体言の代用の「の」を補うことができる。

2 接続助詞

①[　　]形に接続……下に体言や体言の代用の「の」を補うことができない。

3 詠嘆・整調の間投助詞

①種々の語に付き、取り除いても文意が通じる。

---

1 次の傍線部の「る」「れ」の文法的説明を後から選び、記号で答えなさい。

1 貧しくては生け①るかひなし。（徒然草・二一七段）

2 ものに《物の怪に》襲はる②るやうにて、あひ戦はむ《戦い合おうという気持ちも》心もなかりけり。（竹取物語・昇天）

3 まろ《私が》あれば、さやうのものには《物の怪のようなものには》脅さ③れじ。（源氏物語・夕顔）

4 （忠度《ただのり》ハ）「旅宿《りよしゆく》の花」といふ題にて、一首の歌をぞよま④れたる。（平家物語・忠度最期）

5 （源氏ハ柏木ヲ）めざましと《気にくわないと》思ふ心も引き返し《うって変わって》、うち泣か⑤れ給ひぬ。（源氏物語・柏木）

6 ものは少し《意識は少しあるけれども》おぼゆ⑥れども、腰なむ動か⑦れぬ。（竹取物語・燕《つばくらめ》の子安貝）

ア 動詞の一部　イ 助動詞の一部　ウ 助動詞・自発　エ 助動詞・可能
オ 助動詞・受身　カ 助動詞・尊敬　キ 助動詞・存続　ク 助動詞・完了

①	②	③	④	⑤	⑥	⑦

2 次の傍線部の「を」について、助詞の種類を答えなさい。

1 男・女の情けも《情愛も》、ひとへに《一途に》あひ見るをば言ふものかは《（よいと）言うものだろうか》。（徒然草・一三七段）

2 「きんぢは《おまえは》呼ばむ時にを来《こ》。」とて、おはしましぬ《行っておしまいになった》。（蜻蛉日記・天禄二年六月）

3 罪の限り果てぬれば《罪のつぐないの期間が》（かぐや姫ヲ）かく迎ふるを、翁《おきな》は泣き嘆く、あたはぬことなり《（ひきとめるのは）できないことだ》。（竹取物語・昇天）

1	2	3

第1回

漢文入門(一)

—書き下し文のきまり・置き字

確認

書き下し文のきまり ▼p.155

1 送り仮名のカタカナはひらがなに直す。

2 日本語の[　　]や[　　]にあたる漢字はひらがなに直す。

3 再読文字は、初めに読むときは[　　]で書き、二度めに読むときは[　　]で書く。

4 置き字は書かない。

5 会話や引用の終わりを示す「〜。」《ト》は「〜。」と。と書く(「〜」と。でもよい)。

置き字 ▼p.155

訓読の際に声に出して読まず、書き下すときにも書かない文字の総称。原文では、接続や対象・比較・強意を表すなどのはたらきをしている。

◆置き字の種類とはたらき

● **於《を》・于《う》・乎《こ》**

補語の前に置き、対象・場所・時間・起点・受身・比較などを表す前置詞。

● **而《じ》**

多く文中に置かれる順接・逆接の接続詞。

● **矣《い》・焉《えん》**

句末・文末に置き、主に強意を表す助詞。

1 次の文を書き下し文にしなさい。

1 有《リ》二不《ざル》レ忍《ビ》レ人《ニ》之《の》心一。

他人の不幸を見過ごせない心がある。

2 傍《ラニ》若《ごとシ》レ無《キガ》レ人。

傍らに人がいないように振る舞う。

3 其《ノ》剣自《より》二舟中一墜《おツ》二於水《ニ》一。

その剣が舟の中から水に落ちてしまった。

4 未《いまダ》レ知《ラ》レ生《ヲ》。

まだ生とは何かがわからない。

5 過《あやまチテ》而不《ル》レ改《メ》、是《これヲ》謂《いフ》レ過《チト》矣。

過ちを犯しても改めないことを過ちと言うのだ。

6 答《ヘテ》曰《いハク》、「此《これ》必《ズ》苦《く》李《りナラント》。」

答えて言うには、「これはきっと苦いスモモでしょう。」と。

第2回 漢文入門(二)

―返り点・漢文の基本構造

確認

返り点 ▼p.156〜158

1 **レ点**―すぐ上の一字に返る

2レ 1

2 **一・二(・三・四…)点**―［　　］字以上を隔てて返る

3二 1 2一

3 **上(・中)・下点**―［　　］点を挟んで返る

5下 3二 1 2一 4上

5 **一レ点・上レ点**―［　　］と一点・上点との組み合わせ

4二 1 3一レ 2

6 **タテ点(ハイフン・連読符号)**―返る先が［　　］

3二-4 1 2一

漢文の基本構造 ▼p.159〜160

● **主語＋述語**

● **主語＋述語＋目的語(＋補語)**

● **主語＋述語＋補語(＋目的語)**

● **修飾語＋被修飾語**

＊「主語＋述語＋補語＋目的語」の構造を除き、補語の上には置き字(於・于・乎)がある場合が多い。

1 書き下し文を参考にして、次の文に返り点と送り仮名を付けなさい。

1 子 無 敢 食 我 也。(子《し》敢《あ》へて我を食らふこと無かれ。)

注 「也」は置き字。

2 客 有 能 為 狗 盗 者。(客《かく》に能《よ》く狗盗《くたう》を為《な》す者有り。)

3 有 意 督 過 之。(之《これ》を督過《とくくわ》するに意有り。)

2 次の漢文の構造にあてはまるものを後から選び、それぞれ記号で答えなさい。

1 越《ゑつ》王《わう》好ムレ勇ヲ。

2 操《さう》遺《おく》ル二権《けん》ニ書ヲ一。

3 家書抵《あた》ル二万金ニ一。

4 已《すで》ニ出《い》ヅ。

5 孟《まう》孫《そん》問フ二孝ヲ於我ニ一。

注 操…人名。曹操。 権…人名。孫権。

注 孟孫…人名。

ア 主語＋述語＋目的語　イ 主語＋述語＋補語　ウ 主語＋述語＋目的語＋補語

エ 主語＋述語＋補語＋目的語　オ 修飾語＋被修飾語

①	②	③	④	⑤

第3回

否定形(一)

―単純否定・禁止・部分否定・全部否定

確認

単純否定

不レ～《(セ)》(不＝弗)	読 ～(せ)ず	意 ～［　　　］／～でない
非《ズ》レ～《ニ》(非＝匪)	読 ～に非《あら》ず	意 ～［　　　］
無《シ》レ～(無＝莫・勿)	読 ～無《な》し	意 ～がない／～がいない

▼p.162

禁止

勿《カレ》レ～《(スル)(コト)》(勿＝無・莫)	読 ～(する)［こと］［　　　］	意 ～するな／～してはいけない

▼p.163

部分否定・全部否定

部分	否定語＋副詞 不ニ常《ニハ》～《(セ)》一	読 ［　　　］～(せ)ず	意 いつも～するとは限らない
全部	副詞＋否定語 常《ニ》不レ～《(セ)》	読 ［　　　］～(せ)ず	意 いつも～しない

▼p.164

1 次の文を、(　)に抜けた送り仮名に注意して書き下し文にしなさい。

1 歳月《ハ》不レ待《(　)》人《ヲ》。

時の流れは人を待ってはくれない。

2 治乱《ハ》非《ザル》レ天《(　)》也。

平和と動乱は天に属するものではない。

3 鬼略《ほぼ》無《シ》レ重《(　)》。

幽霊には少しも重量がない。

2 次の文の傍線部を訳しなさい。

1 過《あやまチテハ》則《チ》勿《カレ》レ憚《はばかルコト》レ改《ムルニ》。

注 憚…ためらう。

2 伯楽《ハ》不ニ常《ニハ》有《ラ》一。

注 伯楽…馬の鑑定の名人。

3 常《ニ》不レ失《ハ》ニ於君子《タルヲ》一。

注 失…～としての振る舞いにはずれる。

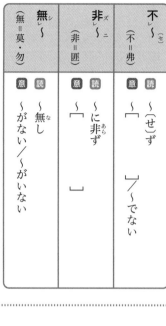

第4回 否定形(二)

——二重否定・その他の否定

確認

二重否定 ▼p.165～167

句形	読・意
無シレ不ル(ハ)レ～(セ)	読 ～(せ)ざる(は)無《な》し 意 ～しないこと(もの・人)はない ＝「　　」(すべて・皆)～する
非ズレ不ルニレ～(セ)	読 ～(せ)ざる「　　」 意 ～しないのではない
無シ二Aトシテ一不ル(ハ)レB(セ)	読 A「　　」B(せ)ざる(は)無《な》し 意 どんなAでもBしないものはない ＝どんなAでも皆Bする
未ダ二嘗テ一不ンバアラレ～(セ)	読 未《いま》だ嘗《かつ》て～(せ)ずんばあらず 意 これまで～しなかったことはない ＝いつも必ず～する(してきた)
不レ可カラレ不ルレ～(セ)	読 ～(せ)ざるべからず 意 ～しないべきではない ＝～「　　」

その他の否定 ▼p.167

句形	読・意
不レ可カラ二勝ゲテ一～(ス)	読 「　　」～(す)べからず 意 多すぎて～しきれない

1 次の文を書き下し文にしなさい。

1 凡《およソ》物莫《なシ》レ不ルハレ有ラレ死スルコト。

そもそも生き物は死なないものはない。

注 莫＝無。

2 吾非ズレ不ルニレ知ラ。

私は知らないのではない。

3 王不レ可カラレ不ルレ備ヘ。

王は備えなくてはならない。

2 次の文を訳しなさい。

1 苟《いやシクモ》得レバ二其ノ養《やしなヒヲ》一、無シ二物トシテ一不ルハレ長ゼ。

注 養…適切な育て方。　長…生長する。

2 乳《にゆう》母《ぼノ》所ハレ言フ、未ダ二嘗テ一不ンバアラレ聴カ。

注 所…～すること。

3 不レ可カラ二勝ゲテ一用フ。

第5回 再読文字

再読文字

▼p.168～169

1 漢字はそのまま用いる

未《いま》ダ㆑知ラ。　→　未《いま》だ知らず。

2 ひらがなで書く

文字	読	意
当《まさ》ニ㆑ベシ～(ス)（当≒応）	当《まさ》に～(す)「　」	(当然)～すべきだ／～にちがいない
将《まさ》ニ㆑ス～(セ)ント（将≒且）	将《まさ》に～(せ)「　」	(今にも)～しようとする／～しそうだ
宜《よろ》シク㆑ベシ～(ス)	宜《よろ》しく～(す)べし	～するのがよい／～が「　」だ
須《すべか》ラク㆑ベシ～(ス)	須《すべか》らく～(す)べし	ぜひ～する「　」がある
猶《な》ホ㆑ごとシ～(スル)ガ／ノ（猶＝由）	猶《な》ほ～(する)がごとし／のごとし	まるで～するようだ／のようだ
盍《なん》ゾ㆑ざル～(セ)（盍＝蓋）	盍《なん》ぞ～(せ)「　」	どうして～しないのか、すればよい

1 次の文を書き下し文にしなさい。

1 大《だい》丈《ぢやう》夫《ふ》当ニ㆑キ如《ごと》クナル㆑此《か》クノ也。

立派な男子は当然このようであるべきだ。

2 宜シク㆓深ク剋《か》チテ㆑己ニ反《かへ》ル㆒㆑善ニ。

しっかりと自分の欲望に打ち勝って善に立ち返るのがよい。

3 須ラク㆓沽《か》ヒテ㆑酒ヲ対シテ㆑君ニ酌ム㆒。

酒を買ってあなたに酌んであげる必要がある。

2 次の文を訳しなさい。

1 将ニ㆓自ラ撃タント㆒㆑之ヲ。

2 山中ノ酒応ニ㆑熟ス。

注 山中…田舎。

3 子盍ゾ㆓為《ため》ニ㆑我ガ言ハ㆒㆑之ヲ。

注 子…あなた。　為…～に。

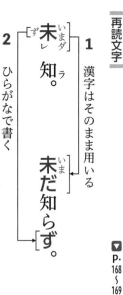

第6回 疑問形・反語形㈠

―疑問の助詞を用いるもの・疑問詞を用いるもの

確認

疑問の助詞を用いるもの ▼p.171

疑 ～《（スル）》乎《か》 反 ～《（セ）ン》乎《や》 （乎＝耶・邪・哉・也）	読	疑［　　］～（する）［　　］ 反 ～（せ）［　　］
	意	疑 ～するのか 反 ～しようか、いや、～しない

疑問詞を用いるもの ▼p.171～173

疑 何《ゾ》～《（スル）》 反 何《ゾ》～《（セ）ン》 （何＝胡・曷）	読	疑［　　］～（する） 反［　　］～（せ）ん
	意	疑 どうして～するのか 反 どうして～しようか、いや、～しない
疑 何《ヲカ》～《（スル）》 反 何《ヲカ》～《（セ）ン》 （何＝胡・曷）	読	疑［　　］～（する） 反［　　］～（せ）ん
	意	疑 何を～するのか 反 何を～しようか、いや、何も～しない
疑 安《クンゾ》～《（スル）》 反 安《クンゾ》～《（セ）ン》 （安＝悪・焉）	読	疑［　　］～（する） 反［　　］～（せ）ん
	意	疑 どうして～するのか 反 どうして～しようか、いや、～しない

1 次の文を書き下し文にしなさい。

1 与二朋《ほう》友《いう》一交《ハリテ》而不《ル》レ信《ナラ》乎。

友人と交際して誠実でなかったか。

2 何《ゾ》至《ル》レ此《ニ》也。

どうしてここに来たのか。

3 安《クンゾ》得《ン》レ見《まみユルヲ》レ君《ニ》乎。

どうしてあなたにお会いすることができようか、いや、お会いできない。

2 次の文を訳しなさい。

1 大王来《タルトキ》、何《ヲカ》操《とレル》。

注 操…（土産として）持参する。

2 而《しかルヲ》又何《ヲカ》羨《うらやマン》乎。

注 而又…それなのにそのうえ。

3 何《ゾ》能《よク》待二来《タンヤらい》茲《じヲ》一。

注 来茲…来年。

第7回

疑問形・反語形(二)

―疑問詞を用いるもの

確認

疑問詞を用いるもの

▼p.174～177

句法	読・意
疑 何為《レゾ》～《(スル)》 反 何為《レゾ》～《(セ)ン》	読 疑「　　　」～(する) 反「　　　」～(せ)ん 意 疑 どうして～するのか 反 どうして～しようか、いや、～しない
疑 何以《ヲツテ(カ)》～《(スル)》 反 何以《ヲツテ(カ)》～《(セ)ン》	読 疑「　　　」(か)～(する) 反「　　　」(か)～(せ)ん 意 疑 どうして(どうやって)～するのか 反 どうして～しようか、いや、～しない(どうやって～しようか、いや、どうしようもない)
豈《ニ》～《(セ)ン》	読 反「　　　」～(せ)ん 意 反 どうして～しようか、いや、～しない
～何如《(ハ)》 (何如＝何若)	読 疑 ～(は)「　　　」 意 疑 ～はどのようであるか
如レ～何《ヲセン》 (＝若レ～何・奈レ～何)	読 疑反 ～を「　　　」 意 疑 ～をどうするか(どうすればよいか) 反 ～をどうしようか(どうすればよいか)、いや、どうしようもない

1 次の文を書き下し文にしなさい。

1 娶《めとルニハ》レ妻《ヲ》如レ之《ヲ》何《セン》。

妻をめとるにはどうすればよいか。

2 予《われ》何為《レゾ》不《ラン》レ受《ケ》。

私はどうして受けないだろうか、いや、受けずにはいられない。

3 何《ヲ》以《ツテ》異《ナラン》二於人《ニ》一哉。

どうして人と異なろうか、いや、異ならない。

2 次の文を訳しなさい。

1 予《あたフルコト》二秦《ニ》地《ヲ》一何如。

注 予…領土を割譲する。　秦…国名。

2 豈《ニ》不《ランヤ》レ為《サ》レ難《シト》。

注 為…～と判断する。

3 何《ヲ》以《ツテカ》報《ユル》レ恩《ニ》。

第8回 感嘆形

確認

疑問形・反語形で表される場合 ▼p.178〜179

句形	読	意
何ゾ〔其レ〕〜也	何《なん》ぞ〔其《そ》れ〕〜［　　］	なんと〜だなあ
一ニ何ゾ〜	［　　］何《なん》ぞ〜	なんとまあ〜だなあ
豈ニ不レ〜乎（乎＝哉）	豈《あ》に〜［　　］	なんと〜ではないか
非ズレ〜ニ乎	〜に［　　］	なんと〜ではないか
不ニ亦〜一乎	亦《また》〜［　　］	なんと〜ではないか

感嘆詞・感嘆の助詞を用いて表される場合 ▼p.179

句形	読	意
嗚呼、〜（嗚呼＝噫）	嗚呼《ああ》、〜	ああ、〜〔だなあ〕
〜哉（哉＝乎・夫）	〜［　　］	〜だなあ

1 次の文を書き下し文にしなさい。

1 豈ニ不レ悲シカラ哉。
なんと悲しいことではないか。

2 嗚呼、君王其レ忘レタル之ヲ乎《か》。
ああ、王様はいったいこのことをお忘れになってしまわれたのですか。

3 何ゾ楚《そ》人《ひと》之多キ也。
なんと楚の国の人が多いことだなあ。

2 次の文を訳しなさい。

1 汝《なんぢ》ノ来タルコト何ゾ其レ晩《おそ》キ也。

2 婦ノ啼《な》クコト一ニ何ゾ苦シキ。
注 婦…婦人。

3 吾ガ射ハ不ニ亦精ナラ一乎。
注 射…弓の腕前。 精…正確である。

第9回 使役形・受身形

使役形

▼p.182

句形	読・意
使《ム》ニA《ヲシテ》B《（セ）》一（使＝令・遣）	読 A［　　］B（せ）しむ 意 AにB［　　］
命《ジテ》レA《ニ》B《（セ）シム》	読 Aに命《めい》じてB（せ）しむ 意 Aに［　　］してBさせる
教《ヘテ》レA《ニ》B《（セ）シム》	読 Aに教《をし》へてB（せ）しむ 意 Aに教えてBさせる

受身形

▼p.184〜185

句形	読・意
見《る／らる（せ）》レ〜（見＝被）	読 〜［　　］／（せ）［　　］ 意 〜［　　］
A《ル／（セ）ラル》二於B《ニ》一（於＝于・乎）	読 BにA［　　］／（せ）［　　］ 意 BにA［　　］
封《ゼラル》レ〜《ニ》	読 〜に［　　］ 意 〜に（として）領地を与えられる
為《ル》ニA《ノ》所《ト》レB《（スル）》	読 AのB（する）［　　］ 意 AにBされる

1 次の文を書き下し文にしなさい。

1 韓《かん》信《しん》使《ム》ニ人《ヲシテ》間《ひそカニ》視《み》一。

韓信は人を使ってひそかに偵察させた。

［　　］

2 武《ぶ》帝《てい》遣《ム》三蘇《そ》武《ぶヲシテ》使《ヒセ》二匈《きよう》奴《どニ》一。

武帝は蘇武を、匈奴に使者として行かせた。

［　　］

2 次の文の傍線部について、①読みをすべてひらがな（現代仮名遣い）で書き、②訳しなさい。

1 信《ナレドモ》而見レ疑《ハ》、忠《ナレドモ》而被レ謗《そしラ》。

誠実であるのに疑われ

注 忠…忠義である。　謗…非難する。

①
②

2 張《ちやう》儀《ぎ》嘗《テ》遊《ビ》レ楚《そニ》、為《ル》ニ楚《ノ》相《しやうノ》所《ト》レ辱《ムル》。

張儀は以前、楚の国に遊説に行き

注 相…大臣。

①
②

第10回 比較形

確認

二者の比較 ▼p.186

句形	
A《ハ》不レ如《カ》レB《ニ》（如＝若）	読 AはBに［　　　］ 意 AはBに［　　　］
A《ハ》C《ニ》於B《ヨリ(モ)》（於＝于・乎）	読 AはBより（も）C 意 AはBよりもCである

最上級 ▼p.186〜187

句形	
莫《シ》レ如《クハ》レ〜《ニ》（莫＝無）	読 〜に［　　　］ 意 〜に［　　　］
莫《シ》レA《ハ》二於B《ヨリ(モ)》一（莫＝無）	読 Bより（も）Aは［　　　］ 意 BよりもAである［　　　］

選択 ▼p.187〜188

句形	
寧《ロ》A《(ス)トモ》無《カレ》レB《(スル)[コト]》（無＝勿）	読 ［　　　］A（す）ともB（する）［こと］無《な》かれ 意 いっそAしてもB［　　　］
与《リハ》二其《ノ》A《(セ)ン》一寧《ロ》B《(セヨ)》	読 其《そ》のA（せ）んよりは寧《むし》ろB（せよ） 意 Aする［　　　］、いっそB［　　　］

1 次の文を書き下し文にしなさい。

生《ズルハ》二一事《ヲ》一不レ如《カ》レ省《クニ》二一事《ヲ》一。

あることを生み出すのは、あることを省くのに及ばない。

［　　　　］

2 次の文の傍線部を①書き下し文にし、②訳しなさい。

青《ハ》出《デテ》二於藍《ヨリ》一、而青《シ》二於藍《ヨリ》一。

青の染料は藍の草から取るが

①	②

3 次の文はどういうことを言っているのか、空欄に適当な語句を補いなさい。

1 知《ルハ》レ臣《ヲ》莫《シ》レ如《クハ》レ君《ニ》。

注 臣…臣下。 君…君主。

［　　］①のことを理解しているのは、［　　］②が一番だということ。

2 人之行《ヒハ》、莫《シ》レ大《ナルハ》二於孝《ヨリモ》一。

注 孝…孝行。

［　　］①の中では、［　　］②が一番だということ。

3 寧《ロ》闘《ハストモ》レ智《ヲ》、無《カレ》レ闘《ハスコト》レ力《ヲ》。

注 智…知恵。 力…武力。

［　　］①を戦わせるよりは、［　　］②を戦わせるほうがよいということ。

第11回 仮定形

仮定の副詞

	読	意
如《シ》〜《バ》（如＝若）	［　　　］〜ば	もしも〜ならば
苟《シクモ》〜《バ》	［　　　］〜ば	もしも〜ならば
縦《ヒ》〜《トモ》（縦＝仮令）	［　　　］〜とも	たとえ（仮に）〜［　　　］（であっても）

▼p.190

接続詞

	読	意
〜《バ》則《チ》	〜ば［　　　］	〜ならば（そのときは）
雖《モ》レ〜《ト》	〜と［　　　］	たとえ（仮に）〜［　　　］（であっても）

▼p.191

その他

	読	意
不《ンバ》レA《(セ)》不レB《(セ)》	A（せ）［　　　］B（せ）ず	A［　　　］Bしない

▼p.192

1 次の文の傍線部について、①読みをすべてひらがな（現代仮名遣い）で書き、②訳しなさい。

1 如《シ》詩不《ンバ》レ成《ラ》、罰《ハ》依《よラン》二金谷《ノ》酒数《ニ》一。

罰は金谷園の故事にならって三杯の酒を飲ませよう

①

②

2 天運苟《シクモ》如《クンバ》レ此《クノ》、且《しばらク》進《メン》二杯中《ノ》物《ヲ》一。

天命が　ひとまずは酒でも飲むとするか

①

②

3 縦《ヒ》彼不《トモ》レ言《ハ》、籍《せき》独《リ》不《ラン》レ愧《はヂ》二於心《ニ》一乎。

わたくし籍はどうして内心恥ずかしく思わないだろうか、いや、思う

注 彼…ここでは複数の人をさす。彼ら。

①

②

4 学《ビテ》而不《レバ》レ思《ハ》則《チ》罔《くらシ》。思《ヒテ》而不《レバ》レ学《バ》則《チ》殆《あやフシ》。

学んでも考えなければあいまいだ

注 殆…（道理にはずれて）危険である。

①

②

2 次の文について、①書き下し文にし、②この文からできた熟語を記しなさい。

● 不《ンバ》レ憤《セ》不レ啓《セ》、不《ンバ》レ悱《ひセ》不レ発《セ》。

意欲を奮い立たさなければ教え導かず、言い悩まなければ教え導かない。

①

②

第12回 倒置形・抑揚形

確認

倒置形 ▼p.193

A之《ヲ》レB《(ス)》（之＝是）	読 A を［　　　］B（す） 意 AをBする　※目的語を強調
不ニA《ヲ》B《(セ)》一	読 AをB（せ）ず 意 AをB［　　　］　※否定文で目的語が代名詞
何《ヲカ》～《(スル)》	読 ［　　　］～（する） 意 何を～するのか　※目的語が疑問詞

抑揚形 ▼p.194～195

A且《スラツ》B、況《ンヤ》C乎《ヲ》（乎＝哉・也）	読 Aすら且《か》つB、［　　　］Cをや［　　　］ 意 A［　　　］Bだ、Cならなおさら（B）だ
A且《スラツ》B、安《クンゾ》C《(セ)ン》（安＝悪）	読 Aすら且《か》つB、［　　　］C（せ）ん 意 A［　　　］Bなのに、［　　　］Cしようか

＊いずれも、「且《ツ》」は「尚《なホ》・猶《なホ》」でも可。
「A且《スラツ》B、安《クンゾ》C《(セ)ン》」の「安《クンゾ》」は「何《ゾ》・豈《あニ》」でも可。

1 次の文について、①書き下し文にし、②倒置によって強調されている語を抜き出しなさい（返り点・送り仮名不要）。

1 徳《ヲ》之レ棄《すツル》也。
徳を捨てるということだ。

①
②

2 父母《ハ》惟《ダ》其《ノ》疾《ヲ》之レ憂《フ》。
父母はただその病を心配するだけだ。

①
②

2 次の文の傍線部の読みを、すべてひらがなで書きなさい（文末の「と」は不要）。

子曰《ハク》、「莫《キ》ニ我《ヲ》知《ルコト》一也《ト》。」
先生が言われたことには、「私のことをわかっていないということだな。」と。

3 次の文を訳しなさい。

何《ヲカ》憂《ヘ》何《ヲカ》懼《おそレン》。

4 次の文を①書き下し文にし、②訳しなさい。

庸人《スラ》尚《ホ》羞《ヅ》レ之《ヲ》、況《ンヤ》於《イテヲ》ニ将相《ニ》一乎。
注 庸人…普通の人。　将相…将軍や宰相。

①
②

第13回 限定形・累加形

限定形

▼p.196

	読	意
唯《ダ》〜（ノミ） （唯＝惟・只・但・直・徒・祇）	［　　　］〜（のみ）	ただ〜だけ
独《リ》〜（ノミ）	［　　　］〜（のみ）	ただ〜だけ
〜耳 （耳＝已・爾・而已）	〜［　　　］	〜だけだ／〜に［　　　］

累加形

▼p.197

	読	意
不ニ唯ダニ〜ノミナラ一	［　　　］〜のみならず	ただ〜［　　　］
豈ニ唯ダニ〜ノミナラン	［　　　］〜のみならん	［　　　］ただ〜［　　　］

＊「不ニ唯ダニ〜ノミナラ一」は、「不ニ独リ〜ノミナラ一」・非《あらズ》ニ唯ダニ〜ノミニ一・非《あらズ》ニ独リ〜ノミニ一」も同じ。

1 次の文の傍線部の読みを、すべてひらがな（現代仮名遣い）で書きなさい。

何ヲ以ツテカ解カンレ憂ヒヲ、唯ダ有ルノミ二杜《と》康《かう》一。

どうやって憂いを消そうか、ただ酒があるだけだ。

2 次の文を①書き下し文にし、②訳しなさい。

独リ此ノ騾《ら》ノミ不レ忍ビレ棄《す》ツルニ。

注 騾…雌の馬と雄のロバとの交配種。ラバ。　不忍…どうしても〜することができない。

①

②

3 傍訳を参考にして、次の文の空欄に適当な漢字一字を補いなさい。

此レ亡秦《しん》之続キナル□。

このような振る舞いは、滅んだ秦の二の舞にすぎない。

4 次の文の傍線部を訳しなさい。

吾ガ此ノ薬、不二唯ダニ愈《いや》スノミナラ一レ疾ヲ、兼ネテ可シレ得レ道ヲ矣。

私のこの薬は　そのうえ仙人になることができる

5 次の文は、結局どういうことを述べているか、適当なものを一つ選びなさい。

豈ニ唯ダニ玩《もてあそ》ブノミナラン二景物ヲ一。

注 玩…愛《め》でる。

ア 風景を愛でないということ。
イ 風景を愛でるだけだということ。
ウ 風景を愛でるだけではないということ。

可能形・願望形

確認

可能形

▼p.199〜200

句形	読	意
能ク〜(ス)	[　　]〜(す)	(能力が備わっていて)〜できる
得レ〜(スル)ヲ	〜(する)を[　　]	(機会に恵まれて)〜できる
可シニ〔以ツテ〕〜(ス)一	(以《も》って)〜(す)[　　]	(客観的状況や条件から)〜できる

願望形

▼p.201

句形	読	意
欲スレ〜(セ)ント	〜(せ)んと[　　]	〜[　　]／〜であってほしい
請フ〜(セ)ン[コトヲ]／(セヨ)	[　　]〜(せ)ん[ことを] [　　]〜(せよ)	どうか〜[　　]ください どうか〜[　　]ください
願ハクハ〜(セ)ン[コトヲ]／(セヨ)	[　　]〜(せ)ん[ことを] [　　]〜(せよ)	どうか〜[　　]ください どうか〜[　　]ください

1 書き下し文を参考にして、次の文に返り点と送り仮名を付けなさい。

● 客有能為鶏鳴者。

(客《かく》に能く鶏鳴を為す者有り。)

2 次の文を書き下し文にしなさい。

1 得三復タ見《まみユルヲ》二将軍ニ一。

再び将軍に謁見することができた。

[　　　　]

2 他山ノ石、可シ二以ツテ攻《をさム》レ玉ヲ。

他の山から出た石ころでも、自分の玉石を磨くことができる。

[　　　　]

3 次の文の読みを、すべてひらがな(現代仮名遣い)で書きなさい。

● 豈ニ可ケンレ堪フレ為スニ二教令ヲ一。

どうして法令とすることに堪えられようか、いや、堪えられない。

[　　　　]

4 次の文を訳しなさい。

1 老イテ欲スレ帰ラント二故郷ニ一。

[　　　　]

2 願ハクハ大王急ギ渡レ。

[　　　　]

第15回 推量形・発語

確認

推量形

▼p.202～203

句形	読	意
恐《ラクハ》～《ン》	［　　　　］～ん	たぶん～だろう
或《イハ》～《ン》	［　　　　］～ん	もしかしたら～だろう（かもしれない）
疑《フラクハ》～《ン／カト》	［　　　　］～ん／かと	～だろうか
蓋《シ》～《ン》	［　　　　］～ん	思うに～だろう
庶㆓幾《シ／カラン》～《(スル)ニ》㆒	～（する）に［　　　　］／からん	おそらく（ほとんど）～だろう

発語

▼p.204

句形	読	意
蓋《シ》	［　　　　］	［　　　　］／そもそも
夫《レ》	［　　　　］	［　　　　］／いったい

1 次の文を訳しなさい。

1 余、恐《ラクハ》死《セン》。

注 余…私。

2 吾《ガ》病或《イハ》可《カラン》㆓以《ツテ》救《フ》㆒矣。

2 次の文を書き下し文にしなさい。

● 疑《フラクハ》是《レ》故人来《タラン》。

古くからの友人がやって来たのだろうか。

3 次の文の傍線部の読みを、すべてひらがなで書きなさい。

● 庶㆔幾《カラン》可《キニ》㆑比《ス》㆓我《ガ》梅《ばい》渓《けいニ》㆒歟《か》。

私が好む月ケ瀬の梅林の渓谷に匹敵するだろうか。

4 次の文の傍線部について、①読みと②意味を書きなさい。

● 夫《レ》和歌者《は》、託《つく》㆓其《ノ》根《ヲ》於心《しん》地《ちニ》㆒。

和歌は、その根を心という大地におろす。

①

②

5 次の文を訳しなさい。

● 蓋《シ》知《ルコト》㆓人之善《ヲ》㆒固《もとヨリ》難《シ》。

注 人之善…人の本性が善であること。　固…本当に。

第16回 重要漢字

とくに頻出の三字

▼p.206

	読み方	意味
為	①連体形＋ガ為《ため》ニ 名詞＋ノ為《ため》ニ	①～するために ～のために
	②～ヲ為《な》ス	②～を［　　］
	③～ト［　　］	③～とする／～と判断する
	④～ヲ為《つく》ル	④～を［　　］
	⑤～［　　］	⑤～である
已	①［　　］	①すでに／もう／今や／はや
	②已《や》ム	②［　　］
与	①～ニ与《あづ》カル	①～に［　　］する
	②～ニ与《くみ》ス	②～に［　　］する
	③～と	③～と
	④AトBと	④AとBと
	⑤与《とも》ニ	⑤［　　］

読み方が重要な漢字

▼p.212～213

	読み方	意味
衆	［　　］	多い
徐	［　　］	ゆっくりと
嘗	［　　］	これまでに／以前に
漸	［　　］	だんだん／しだいに
稍	［　　］	すこし
少	［　　］	若い

1 次の文の傍線部の読みを、すべてひらがな（現代仮名遣い）で書きなさい。

1 爾《なんぢ》ハ為リレ爾、我ハ為リレ我。

お前はお前で、私は私だ。

2 吾年少之時、学ブレ為ルコトヲレ文ヲ。

私は若いころ、文章を作ることを学んだ。

3 学ハ不レ可カラ二以ツテ已ム一。

学ぶことはやめてはならない。

4 梁《りやう》、与レ籍《せき》倶ニ観《み》ル。

梁は、籍といっしょに見物をした。

注 梁…人名。項梁。項羽の叔父。　籍…人名。項羽。

2 次の文を訳しなさい。

1 士ハ為ニ二知ルレ己ヲ者ノ一死ス。

注 士…男子。

2 鮑《はう》叔《しゆく》不ニ以ツテレ我ヲ為サ一レ愚ト。

注 鮑叔…人名。

3 漢《かん》皆已ニ得タルレ楚《そ》ヲ乎。

注 漢…漢の軍隊。　得…征服する。　楚…地域の名。

4 天道常ニ与スニ善人ニ一。

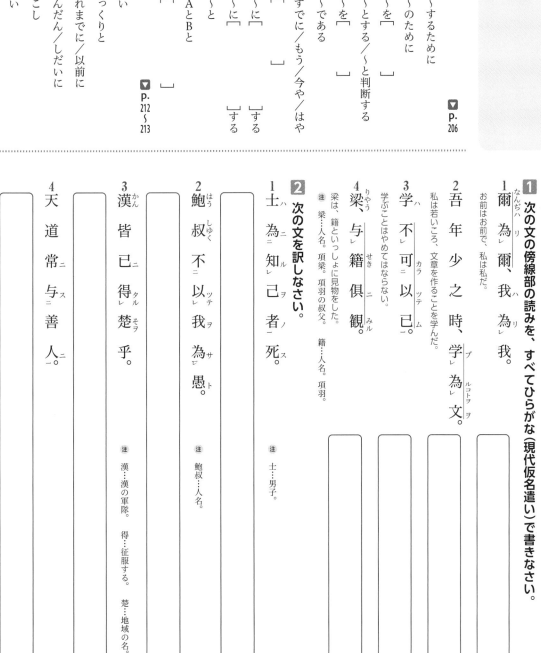

第17回 複合語

確認

▼p.214〜215

- 是《ヲ》以《ツテ》 読［　　］もツテ　意 こういうわけで／だから
- 以《ツテ》レ是《ヲ》 読［　　］もツテ　意 このことによって
- 於《イテ》レ是《ニ》 読［　　］おイテ　意 そこで／こうして
- 須臾《ニシテ》 読 しゆ（ゆ）ゆニシテ　意 すこしの間／［　　］
- 未《ダ》《シテ》レ幾《ナラ》 読 いまダ［　　］ナラずシテ　意 いくらも経たないうちに／まもなく
- 已《ニシテ》而（＝既《すでニシテ》而） 読 すでニシテ　意［　　］／ほどなくして
- 以為《ヘラク》〜《ト》 読［　　］〜ト　意 〜と［　　］／〜とみなす
- 為《リ》レ人《ト》 読［　　］　意［　　］
- 所謂 読［　　］　意 世に言うところの
- 所以 読［　　］　意 原因・理由・手段・方法・目的・こと・もの

1 次の文の傍線部の読みを、すべてひらがな（現代仮名遣い）で書きなさい。

1 妾《せふ》是《ヲ》以《ツテ》求《ムル》レ去《ランコトヲ》也。
私はこういうわけで去ることを求めるのです。

［　　　　］

2 不レ患《うれへ》レ無《キコトヲ》レ位、患《フ》二所《フ》一以立《ツ》一。
地位のないことを気にかけず、地位を得るための〔力を養う〕方法を気にかける。

［　　　　］

3 此《レ》所謂婦人之仁也。
これが世に言うところの婦人の仁である。

［　　　　］

2 次の文の傍線部を訳しなさい。

1 於《イテ》レ是《ニ》始《し》皇《くわう》以為《ヘラク》、咸《かん》陽《やうハ》人多《クシテ》、先王之宮廷《ハ》小《ナリト》。
咸陽は人が多く、前代の君主の宮廷は小さいと
注 始皇…秦の始皇帝。　咸陽…秦の都。

［　　　　］

2 君王為《リ》レ人《ト》不レ忍《ビ》。
王様は
注 不忍…ここでは、むごいことをするのに耐えられないの意。

［　　　　］

第18回 同訓異字

確認

▼p.216～218

きク

聞　「　」にする　＊無意識の行動

聴　じっくり耳を「　」＊意識的行動

こたフ

応　「　」にこたえる／返事をする

対　「　」の人の問いに返事をする

答　「　」の問いに対して返事をする

すなはチ

即　「　」／とりもなおさず

則　～「　」／～は

乃　「　」／なんと／やっと／しかし

輒　「　」

便　「　」／たやすく

つひニ

竟　「　」／思いがけず

終　最後に／「　」／とうとう（終＝卒）

遂　「　」／かくして

また（まタ）

亦　～「　」／やはり

復　「　」

又　「　」／加えて

みル

見　「　」にする　＊無意識の行動

聴　じっと「　」　＊意識的行動

1 次の文の空欄に入る最も適当な文字を記号で答えなさい。

1　春眠不レ覚エレ暁ヲ、処処□ニ啼《てい》鳥ヲ一。

春の眠りの心地よさに夜明けも知らずにうつらうつらしていると、あちらこちらに鳥のさえずる声が聞こえる。

ア聞　イ聴

2　宣《せん》王《わう》問ヒテ二群臣ニ一曰ハク、「……。」群臣莫シレ□。

宣王が臣下たちに、「……。」と問うた。臣下たちにお答えする者はいなかった。

ア応　イ対　ウ答

2 あらすじを参考にして、次の文章の空欄に入る適当な文字の組み合わせを記号で答えなさい。

秦《しん》ノ昭《せう》王《わう》聞キ二其ノ賢ナルヲ一、[ア]先ヅ納レ二質《ち》ヲ於斉《せい》ニ一、以ツテ求ムレ見《まみ》エンコトヲ。至レバ[イ]止《とど》メ……

囚《とら》ヘテ欲スレ殺サントレ之ヲ。……[ウ]馳《は》セ去リ、変ジテ二姓名ヲ一、夜半至ル二函《かん》谷《こく》関《くわん》ニ一。……

鶏尽《ことごと》ク鳴ク。[エ]発スレ伝ヲ。

〈あらすじ〉

秦の昭王は、孟嘗君《もうしょうくん》が賢明であるのを耳にし、そこで先に人質を斉に送り入れて、会見を求めた。孟嘗君が秦に到着したならば、引き止めて捕らえて殺してやろうと思ったのである。孟嘗君は、自身の食客の中のこそどろの上手な者に、秦の蔵の高価な皮衣を盗み出させて、昭王に寵愛されている宮女に献上し、その宮女に昭王を説得してもらって、釈放されることができた。孟嘗君はすぐに馬を疾走させて逃げ去り、姓名を変えて、夜中に函谷関に到着した。関所のきまりでは、明け方に鶏が鳴いてから旅人を出すことになっていた。食客の中に鶏の鳴きまねの上手な者がいたので、鶏の鳴き声を出させ、そのまま宿継ぎの車馬を出発させた。こうして孟嘗君は、窮地を脱することができた。

Aア輒イ乃ウ則エ遂　　Bア乃イ便ウ則エ終

Cア乃イ則ウ即エ遂　　Dア輒イ則ウ便エ卒

確認

第19回 漢詩

漢詩（近体詩）のきまり

▼p.222～224

［　　　］

「　　　」　5字×4句＝20字

起句○○○○○　承句○○○○◎
転句○○○○○　結句○○○○◎

「　　　」　7字×4句＝28字

起句○○○○○○◎　承句○○○○○○◎
転句○○○○○○○　結句○○○○○○◎

［　　　］

「　　　」　5字×8句＝40字

首聯《しゅれん》○○○○○　○○○○◎
頷聯《がん》○○○○○　○○○○◎
頸聯《けい》○○○○○　○○○○◎
尾聯《び》○○○○○　○○○○◎

「　　　」　7字×8句＝56字

首聯○○○○○○◎　○○○○○○◎
頷聯○○○○○○○　○○○○○○◎
頸聯○○○○○○○　○○○○○○◎
尾聯○○○○○○○　○○○○○○◎

◎は押韻《おういん》する字。［　］—［　］は対句。

1 次の詩を読んで、後の問いに答えなさい。

登高　高所に登る　　杜甫《とほ》

風急ニ天高ク猿《ゑん》嘯《せう》哀《かな》シ　風は激しく空は高く、猿の鳴き声が悲しく響く
渚《なぎさ》清ク沙《すな》白ク鳥飛ビ廻《めぐ》ル　渚は清らかで砂は白く、鳥が輪を描くように飛ぶ
無辺ノ落木蕭《せう》蕭トシテ下リ　果てしない落葉がもの寂しく地に落ち
不尽ノ長江滾《こん》滾トシテ来タル　尽きることのない長江の水は、湧きたつように流れてくる
万里悲秋常ニ作《なり》レ客ト　故郷を去ること万里、もの悲しい秋をいつも旅人として送り
百年多病独リ登ルレ台ニ　長年にわたり病がちで、今日はたった一人で高台に登る
艱《かん》難《なん》苦《はなは》ダ恨ム繁霜ノ鬢《びん》　苦労の末に鬢の毛が真っ白になったのがとても恨めしく
潦《らう》倒《たう》新タニ停《とど》ム濁酒ノ杯　すっかりまいってがっくりとなり、濁酒もやめたばかりだ

1 この詩の形式を答えなさい。

2 押韻している文字を、すべて書きなさい。

3 対句表現について、この詩の特色を説明した次の文の空欄に適語を補いなさい。
漢詩の規則では、律詩は第［①　］句と第［②　］、第［③　］句と第［④　］句をそれぞれ対句にすることになっているが、この詩では、その他の句も含むすべての聯において対句を用いている。

4 この詩の構成に関する次の図式の空欄に、後から適当な語を選んで入れなさい。
［①　］＝壮大な［②　］
⇕
［③　］＝［④　］な［⑤　］

前半　後半　人生　自然　孤独

議論文

典型的な文章構成—「説」「論」など— ▼ p.226〜227

1 作者 ▶ 文人・[ ]・思想家
2 内容 ▶ [ ]・社会・学問などのあり方
3 文体 ▶ [ ]性が高く、一定の型がある

首尾照応

I【話題・問題提示】
・唐突な印象を受ける冒頭

II【比喩】【エピソード】
・興味関心を引く
・I との関連性
・具体的で面白い内容

III に導く発語・接続詞
・「夫」（=[ ]／いったい）
・「蓋」（=[ ]／そもそも）
・「故」（=だから）
・「是以」（=こういうわけで／だから）
・「由是」（=これによって）

III【結論・結末】
・主張の暗示／あえて伏せての問題化

1 次の文章中の適当な語句を、後の図の空欄に補いなさい。（訓点不要）

I

吾恒(つねニ)悪(にくム)世之人、不(シ)レ知(ラ)レ推(ス)二己之本(もとヲ)一、而乗(ジテ)レ物(ニ)以(ッテ)逞(たくましクスルヲ)。或(あるイハ)依(リテ)レ勢(ひニ)以(ッテ)干(ヲかス)二其非類(ニ)一、然(レドモ)卒(およソ)迨(およブ)二于禍(ニ)一。

II

臨江(かう)之人、畋(かリシテ)得(えたリ)二麋麑(びげい)一、畜(やしなフ)レ之。入レ門、群犬垂(よだれ)レ涎、揚(あゲ)レ尾皆来(タル)。其人怒(いかリテ)怛(おそレシム)レ之。自(よリ)レ是日(ひ)抱(いだキテ)就(つキ)レ犬、習(ならハシ)レ示(しめシテ)レ之、使(シメテ)レ勿(なカラ)レ動(くコト)、稍(やうやク)使(シム)二与(ともニ)レ之戯(たはむレ)一。積(つミ)久(ひさシクシテ)、犬皆如(シ)二人意(ノ)一。

麋稍(やうやク)大(ニシテ)、忘(わすレテ)二己之麋也(ヲ)一、以(ッテ)為(シ)下犬良(まことニ)我友(ナリ)、抵触偃(えん)仆(ぼくシテ)、益(ますます)狎(なル)上。犬畏(レ)レ主人、与(レ)レ之俯仰甚善(シ)。然(レドモ)時(ニ)啖(くラフ)二其舌(ヲ)一。三年(ニシテ)、麋出(デ)レ門、見(テ)下外犬在(ルニ)レ道甚衆(ク)、走(リテ)欲(ス)中与(レ)レ之為(サント)上レ戯。外犬見(テ)而喜

III

且(ツ)怒(リ)、共(ニ)殺(シテ)食(ラヒ)レ之、狼(らう)藉(ぜきタリ)二道上(ニ)一。麋至(ルマデ)レ死不(ラ)レ悟。

（柳宗元「臨江之麋」）

注
逞…好き勝手に振る舞う。
俯仰…動作をともにする。
畋…狩りをする。
麋麑…なれ鹿の子。
麋…好き勝手に振る舞う。
抵触偃仆…じゃれ合い転げ回る。
狼藉…食い散らす。

I

1 世之人 [ ]
2 不知推己之本 [ ]
3 乗物以逞 [ ]
4④ [ ]
5⑤ [ ]

III ⑥ [ ]

1 世之人 … 世の中の人
2 不知推己之本 … 己の本分をわきまえない／作者が憎む世の中の人
3 乗物以逞 … 好き勝手に振る舞う
4 … 仲間外の集団に押しかける
5 … 結局、災難に遭う

比喩・たとえ

II

1① [ ]
2② [ ]
3③ [ ]
4 見外犬在道甚衆、走欲与為戯
5 殺食之、狼藉道上

不悟＝自分は本当は相手に襲われる弱い存在だということ

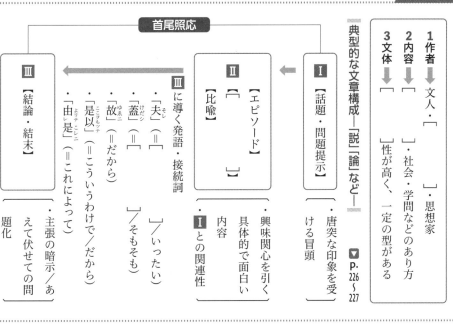

第21回 小説

1［　　］小説…（後漢《ごかん》末～六朝《りくちょう》時代）怪異の記録

2［　　］小説…（唐《とう》代）1を発展させた創作

典型的な文章構成 ▶p.232～233

起【主人公紹介】
姓名・出身地・経歴・状況の説明
・実在する地名や官職名で、［　　］の話が現実味を帯びる。

承【事件・事故発生】
女性との結婚／動物の救助や愛護
・［　　］の推移を表す語によって、話が展開していくことが多い。

転【意外な展開】
夫または妻の死／窮地に陥る
・不幸や［　　］の窮地などの、望ましくない事態が多い。

結【結末】
死者蘇生／動物［　　］
・幸せな結末の話が多いが、社会への諷《ふう》刺や批判を含む場合もある。

1 次の文章を読んで、後の問いに答えなさい。

起 李信純、家ニ養ヒ二一狗《く》ヲ一、字シテ曰フ二黒竜ト一。①愛スルコトレ之ヲ尤モ甚ダシ。行坐相随ヒ、飲《いん》饌《せん》之間、皆分カチテ与《とも》ニ食ス。

承 a忽一日、於イテ二城外ニ一飲ミレ酒ヲ、大イニ酔フ。帰ルモレ家ニ不レ及バ、臥ス二於草中ニ一。

転 b遇太守鄭《てい》瑕《か》出猟シ、見二田ノ草ノ深キヲ一、遣《し》ム二人ヲシテ縦《はな》チテレ火ヲ焼カ一レ之ヲ。信純ノ臥ス処《ところ》、恰《あたか》モ当タル二順風ニ一。犬見二火ノ来タルヲ一、乃チ以ツテレ口ヲ曳《ひ》クモ二信純ノ衣ヲ一、信純亦不レ動カ。

結 臥ス処、比《ちか》キニ有リ二一渓一、相去ルコト三五十歩ナリ。犬即チ奔《はし》リ往《ゆ》キテ入リレ水ニ、湿《うるほ》シテレ身ヲ走リテ来タリ二臥ス処ニ一、周廻シテ以ツテレ身ヲ灑《そそ》ギレ之ニ、②獲《え》タリレ免レシムルヲ二主人ヲ大難ヨリ一。

太守曰《ハク》、「犬之報ユルコトレ恩ニ甚ダシト二於人ヨリモ一。」

（『捜神記《そうじんき》』）

注　狗…犬。　字…名前を付ける。

1 傍線部a・bの読みを、送り仮名も含めてすべてひらがな(現代仮名遣い)で記しなさい。

a［　　］　b［　　］

2 傍線部①の様子を説明した次の文の空欄に適当な語句を補いなさい。

犬であるのに［　ア　］という［　イ　］を付けており、何をするにもいっしょにいて、飲食の時も全部［　ウ　］共に食べた。

3 傍線部②の状況を説明した次の文の空欄に本文中の語を補いなさい。(訓点不要)

［　ア　］が火を放った草中で、［　イ　］して眠っていた信純があやうく焼け死ぬところだったのを、［　ウ　］が機転を利かして救った。

4 この話の主題を端的に示す語句を、本文中から四字で抜き出しなさい。(訓点不要)

［　　　　］

訂正情報配信サイト 36075-03	
利用に際しては、一般に、通信料が発生します。	

https://dg-w.jp/f/7f6dd

ダブルマスター古典文法＋漢文句形 準拠ノート

2023年１月10日 初版 第１刷発行
2025年１月10日 初版 第３刷発行

編著者 第一学習社編集部
大角哲也・清水 優
発行者 松 本 洋 介
発行所 株式会社 第一学習社

広 島：広島市西区横川新町７番14号 〒733-8521 ☎代表082-234-6800
東 京：東京都文京区本駒込５丁目16番７号 〒113-0021 ☎03-5834-2530
大 阪：大阪府吹田市広芝町８番24号 〒564-0052 ☎06-6380-1391
札 幌：☎011-811-1848 仙 台：☎022-271-5313 新 潟：☎025-290-6077
つくば：☎029-853-1080 横 浜：☎045-953-6191 名古屋：☎052-769-1339
神 戸：☎078-937-0255 広 島：☎082-222-8565 福 岡：☎092-771-1651

書籍コード 36075—03

ISBN978—4—8040—3607—6

ホームページ https://www.daiichi-g.co.jp/

▼漢文基本句形一覧

※ページは、本冊における掲載箇所を表します。

●否定形

句形	読み	意味	ページ
不レ～（セ）	～（せ）ず	～しない ～でない	52
非ズレ～ニ	～に非《あら》ず	～ではない	52
無シレ～	～無《な》し	～がない ～がいない	52
勿カレ～（スル）［コト］	～（する）［こと］勿《な》かれ	～するな ～してはいけない	52
不レ可カラ～（ス）	～（す）べからず	～してはいけない	
否	否《いな》	いや そうではない ちがう	
不ニ常ニハ～一（セ）	常《つね》には～（せ）ず	いつも～するとは限らない	52
常ニ不レ～（セ）	常《つね》に～（せ）ず	いつも～しない	52
無シレ不ル（ハ）レ～（セ）	～（せ）ざる（は）無《な》し	～しないこと（もの・人）はない	53
非ズレ不ルニレ～（セ）	～（せ）ざるに非《あら》ず	～しないのではない	53
無シニA不ルトシテ（ハ）レB（セ）	AとしてB（せ）ざる（は）無《な》し	どんなAでもBしないものはない	53
未ダニ嘗テ不ンバアラレ～（セ）	未《いま》だ嘗《かつ》て～（せ）ずんばあらず	これまで～しなかったことはない	53
不ニ敢ヘテ不ンバアラレ～（セ）	敢《あ》へて～（せ）ずんばあらず	どうしても～しないわけにはいかない	
不ニ必ズシモ不ンバアラレ～（セ）	必《かなら》ずしも～（せ）ずんばあらず	必ずしも～しないわけではない	
不レ可カラレ不ルレ～（セ）	～（せ）ざるべからず	～しないべきではない	53
不レ可ニ勝ゲテ～一（ス）	勝《あ》げて～（す）べからず	多すぎて～しきれない	53

●再読文字

句形	読み	意味	ページ
未《いま》ダレ～（セ）ず	未《いま》だ～（せ）ず	まだ～しない まだ～でない	54
当《まさ》ニレ～（ス）ベシ	当《まさ》に～（す）べし	（当然）～すべきだ ～にちがいない	54
将《まさ》ニレ～（セ）ントす	将《まさ》に～（せ）んとす	（今にも）～しようとする ～しそうだ	54
宜《よろ》シクレ～（ス）ベシ	宜《よろ》しく～（す）べし	～するのがよい ～が適当だ	54
須《すべか》ラクレ～（ス）ベシ	須《すべか》らく～（す）べし	ぜひ～する必要がある	54
猶《なほ》ホレ～（スル）ガ／ノごとシ	猶《な》ほ～（する）がごとし 猶ほ～のごとし	まるで～するようだ まるで～のようだ	54
盍《なん》ゾレ～（セ）ざル	盍《なん》ぞ～（せ）ざる	どうして～しないのか、すればよい	54

●疑問形

句形	読み	意味	ページ
～（スル）乎《か》	～（する）か	～するのか	55
何ゾ～（スル）	何《なん》ぞ～（する）	どうして～するのか	55
何ヲカ～（スル）	何《なに》をか～（する）	何を～するのか	55
何クニカ～（スル）	何《いづ》くにか～（する）	どこで（に）～するのか	
安クンゾ～（スル）	安《いづ》くんぞ～（する）	どうして～するのか	55
誰カ～（スル）	誰《たれ》か～（する）	誰が～するのか	

●反語形

形	読み	意味	頁
孰～(レカ)(スル)	孰れか～(する)	どれ(誰・どちら)が～するのか	56
何為～(レゾ)(スル)	何為れぞ～(する)	どうして～するのか	56
如何～(ゾ)(スル)	如何ぞ～(する)	どうして～するのか	56
何以～(ヲッテ(カ))(スル)	何を以つて(か)～(する)	(1)どうして～するのか〈原因・理由〉(2)どうやって～するのか〈方法・手段〉	56
～幾何(ハ)(ゾ)	～(は)幾何ぞ	～はどれほどか	56
～不(ヤ)(スルヤ)	～(する)や不や	～するか、しないか	56
～何如(ハ)	～(は)何如	～はどのようであるか	56
如何～何(レ)(ヲセン)	～を如何せん	～をどうするか(どうすればよいか)	56

形	読み	意味	頁
～乎(センや)	～(せ)んや	～しようか、いや、～しない	55
何～(ゾ)(セン)	何ぞ～(せ)ん	どうして～しようか、いや、～しない	55
何～(ヲカ)(セン)	何をか～(せ)ん	何を～しようか、いや、何も～しない	55
何～(クニカ)(セン)	何くにか～(せ)ん	どこで(に)～しようか、いや、どこでも(にも)～しない	
安～(クンゾ)(セン)	安くんぞ～(せ)ん	どうして～しようか、いや、～しない	
誰～(カ)(セン)	誰か～(せ)ん	誰が～しようか、いや、誰も～しない	
孰～(レカ)(セン)	孰れか～(せ)ん	どれ(誰・どちら)が～しようか、いや、どれ(誰・どちら)も～しない	

●感嘆形（反語形続き）

形	読み	意味	頁
何為～(レゾ)(セン)	何為れぞ～(せん)	どうして～しようか、いや、～しない	56
如何～(ゾ)(セン)	如何ぞ～(せん)	どうして～しようか、いや、～しない	56
何以～(ヲッテ(カ))(セン)	何を以つて(か)～(せ)ん	(1)どうして～しようか、いや、～しない〈原因・理由〉(2)どうやって～しようか、いや、どうしようもない〈方法・手段〉	56
豈～(ニ)(セン)	豈に～(せ)ん	どうして～しようか、いや、～しない	56
独～(リ)(セン)	独り～(せ)ん	どうして～しようか、いや、～しない	56
～幾何(ハ)(ゾ)	～(は)幾何ぞ	～はどれほどか、いや、どれほどもない	
如何～何(レ)(ヲセン)	～を如何せん	～をどうしようか(どうすればよいか)、いや、どうしようもない	56

●感嘆形

形	読み	意味	頁
何其～(ゾ)(レ)也	何ぞ(其れ)～也	なんと～だなあ	57
一何～(ニ)(ゾ)	一に何ぞ～	なんと～だなあ	57
豈不～乎(ニ)(レ)	豈に～ずや	なんと～ではないか	57
非～乎(ズ)(ニ)	～に非ずや	なんと～ではないか	57
不亦～乎(ニ)(マタ)	亦～ずや	なんと～ではないか	57
嗚呼、～	嗚呼、～	ああ、～(だなあ)	57
～哉	～かな	～だなあ	57

使役形

使ム二AヲシテB〔セ〕一	AをしてB〔せ〕しむ	AにBさせる	58
命ジテレAニB〔セ〕シム	Aに命《めい》じてB〔せ〕しむ	Aに命令してBさせる	58
遣ハシテレAヲB〔セ〕シム	Aを遣《つか》はしてB〔せ〕しむ	Aを派遣してBさせる	
教ヘテレAニB〔セ〕シム	Aに教《をし》へてB〔せ〕しむ	Aに教えてBさせる	58
～〔セ〕シム	～〔せ〕しむ	～させる	

受身形

見ル／ラル〔セ〕レ～	～る ～〔せ〕らる	～される	58
Aル／〔セ〕ラル二於Bニ一	BにAる BにA〔せ〕らる	BにAされる	58
封ゼラルレ～ニ	～に封《ほう》ぜらる	～に（として）領地を与えられる	58
為ル二Aノ所ト一レB〔スル〕	AのB〔する〕所《ところ》と為《な》る	AにBされる	58
～ル／〔セ〕ラル	～る ～〔せ〕らる	～される	

比較形

Aハ不レ如カレBニ	AはBに如《し》かず	AはBに及ばない（AよりBの程度が上）	59
AハC二於B一ヨリ〔モ〕	AはBより〔も〕C	AはBよりもCである	59
莫シレ如クハレ～ニ	～に如《し》くは莫《な》し	～に及ぶものはない	59
莫シレAハ二於B一ヨリ〔モ〕	Bより〔も〕Aは莫《な》し	BよりもAであるものはない	59

莫シレ～ハレ焉ヨリ〔モ〕	焉《これ》より〔も〕～は莫《な》し	これよりも～であるものはない	
寧ロA〔ス〕トモ無カレB〔スル〕〔コト〕	寧《むし》ろA〔す〕ともB〔する〕〔こと〕無《な》かれ	いっそAしてもBするな	59
与リハ二其ノA一〔セ〕ン寧ロB〔セヨ〕	其《そ》のA〔せ〕んよりは寧《むし》ろB〔せよ〕	AするよりはいっそBしたほうがよい	59
Aハ孰与レゾBニ一	AはBに孰与《いづ》れぞ	AはBと比べてどうか（Bのほうがよい）	

仮定形

如シ～バ	如《も》し～ば	もしも～ならば	60
苟シクモ～バ	苟《いや》しくも～ば	もしも～ならば	60
縦ヒ～トモ	縦《たと》ひ～とも	たとえ（仮に）～だとしても（であっても）	60
～バ則チ	～ば則《すなは》ち	～ならば（そのときは）	60
雖モレ～ト	～と雖《いへど》も	たとえ（仮に）～だとしても（であっても）	60
今～バ	今《いま》～ば	もしも今～ならば	
使メバ二AヲシテB〔セ〕一	AをしてB〔せ〕しめば	AにBさせたならば	
不ンバレA〔セ〕不レB〔セ〕	A〔せ〕ずんばB〔せ〕ず	AしなければBしない	60

倒置形

Aヲ之レB〔ス〕	Aを之《こ》れB〔す〕	AをBする	61
不二AヲB〔セ〕一	AをB〔せ〕ず	AをBしない	61
何ヲカ～〔スル〕	何《なに》をか～〔する〕	何を～するのか	61